U0469391

一部另类世界贸易发展史

贸易最能促进文明的发展。人们在交换商品的同时也交换了思想。
——罗·英格索尔,《答印第安纳波利斯的牧师》

世界拍卖史

郑鑫尧 编著

上海财经大学出版社

图书在版编目(CIP)数据

世界拍卖史/郑鑫尧编著.—上海:上海财经大学出版社,2010.1
ISBN 978-7-5642-0554-6/F•0554

Ⅰ.世… Ⅱ.郑… Ⅲ.拍卖市场-历史-世界 Ⅳ.F713.359

中国版本图书馆 CIP 数据核字(2009)第 121489 号

□ 责任编辑　仲崇巍
□ 封面设计　张克瑶

SHIJIE PAIMAISHI
世界拍卖史
郑鑫尧　编著

上海财经大学出版社出版发行
(上海市武东路 321 号乙　邮编 200434)
网　　址:http://www.sufep.com
电子邮箱:webmaster @ sufep.com
全国新华书店经销
上海财经大学印刷厂印刷
上海远大印务发展有限公司装订
2010 年 1 月第 1 版　2010 年 1 月第 1 次印刷

787mm×1092mm　1/16　13.75 印张(插页:1)　284 千字
印数:0 001—3 000　定价:68.00 元

目录 CONTENTS 目录

序 …………………………………………………………………………………… 1

第一章 早期的拍卖活动记录（公元前600年~16世纪） …………………… 1
　第一节　希罗多德记录适婚女子拍卖 ………………………………………… 3
　第二节　罗马王政时代开创包税制拍卖 ……………………………………… 6
　第三节　罗马帝国：战争催生拍卖业 ………………………………………… 10
　第四节　罗马帝国时期拍卖皇位的故事 ……………………………………… 14
　第五节　商业、金融发达衍生专业拍卖行 …………………………………… 19

第二章 17世纪欧洲拍卖业的复兴 …………………………………………… 21
　第一节　17世纪初的法国债务人财产拍卖 …………………………………… 24
　第二节　17世纪的英国："燃烛法"报价兴起 ………………………………… 26
　第三节　绘画艺术品渐成拍卖会主流商品 …………………………………… 29
　第四节　专业拍卖师伦敦隆重登场 …………………………………………… 32

第三章 17、18世纪的书籍拍卖 ……………………………………………… 35
　第一节　商业宣传：拍卖目录与公告比肩 …………………………………… 38
　第二节　服务方式：诚恳加耐心赢得公众 …………………………………… 41
　第三节　经营策略：拍卖商艺术品商联手 …………………………………… 43
　第四节　利益博弈：降低成本摆脱垄断 ……………………………………… 46
　第五节　长远规划：图书与艺术品兼容 ……………………………………… 48

第四章 拍卖商卷入奴隶拍卖丑闻 …………………………………………… 51
　第一节　拍卖商参与"奴隶三角贸易" ………………………………………… 53
　第二节　来自维吉尼亚州的奴隶拍卖报告 …………………………………… 57
　第三节　拍卖商"职业化"经营奴隶贸易 ……………………………………… 60
　第四节　奴隶拍卖的中心"古代交易所" ……………………………………… 64
　第五节　最高纪录的奴隶拍卖会 ……………………………………………… 67

第五章　19世纪贸易市场争夺战 …… 71
第一节　利益争端：贸易大战风云突起 …… 73
第二节　贸易商为拍卖商罗列罪名 …… 75
第三节　拍卖商针对指责做出答辩 …… 77
第四节　美国议会报告为拍卖交易正名 …… 79

第六章　欧洲拍卖业的复兴 …… 83
第一节　拍卖交易务必循章守法 …… 85
第二节　海关物资拍卖初领风潮 …… 87
第三节　房产动产拍卖渐成时尚 …… 89
第四节　成就非凡的菲利普斯 …… 91

第七章　两大拍卖帝国崛起 …… 95
第一节　谁是世界拍卖业的"鼻祖" …… 98
第二节　苏富比首拍珍贵古籍善本 …… 100
第三节　佳士得主推艺术品遇危机 …… 102
第四节　19世纪伦敦拍卖活动记录 …… 105
第五节　两大公司进入繁荣昌盛时期 …… 109

第八章　战争乌云笼罩下的拍卖业 …… 113
第一节　佳士得临危受命红十字会 …… 116
第二节　皇室成员支助慈善拍卖 …… 120
第三节　两大公司酝酿合并失败 …… 123
第四节　拍卖公司相互扶持渡难关 …… 126
第五节　战争物资处置提供良机 …… 130

第九章　20世纪后半叶的拍卖业 …… 133
第一节　伦敦成为艺术品交易中心 …… 135
第二节　目录体现拍卖行专业水准 …… 139
第三节　艺术市场争夺战风起云涌 …… 143
第四节　苏富比"密切合作"方案遭质疑 …… 147

第十章　拍卖行业与商圈丑闻 …… 151
第一节　利益"商圈"跻身拍卖市场 …… 153
第二节　"杜乔作品"揭露商圈黑幕 …… 157

第三节　"专家鉴定"丑闻遭谴责 …………………………………… 162
　　第四节　拍卖公司难堵赝品伪作 …………………………………… 167

第十一章　20世纪的国际拍卖市场 …………………………………… 171
　　第一节　国际茶叶拍卖市场 ………………………………………… 173
　　第二节　国际羊毛拍卖市场 ………………………………………… 177
　　第三节　世界最大的花卉拍卖市场 ………………………………… 180
　　第四节　国际良种马拍卖市场 ……………………………………… 183
　　第五节　国际毛皮拍卖市场 ………………………………………… 186

第十二章　中国拍卖市场的形成与发展 ……………………………… 189
　　第一节　中国早期的拍卖活动记录 ………………………………… 191
　　第二节　中国拍卖业的恢复和发展 ………………………………… 194
　　第三节　文物艺术品拍卖渐入佳境 ………………………………… 197
　　第四节　嘉德：中国艺术品拍卖的旗帜 …………………………… 200
　　第五节　行业协会推进市场稳步发展 ……………………………… 203

参考文献 ………………………………………………………………… 207
后记 ……………………………………………………………………… 211

序

读历史书籍是一件有意思的事情。唐太宗有句名言:"以铜为镜,可以正衣冠;以古为镜,可以知兴替;以人为镜,可以明得失。"读史不仅仅可以了解史实,更重要的是读者可以把今天的现实放到当时的历史条件下去衡量和评价,从而形成自己的观点。史学家认为,一切历史都是当代史,理想的将来产生于充实的现在,现在只有与过去和将来相联系才有意义。因此,我们不能忘记过去,同时更应全力把握现在、创造将来。

在现代社会中,高度的流动性是人们抛弃旧的定价和分配方式的原因,这一状况促进了全球拍卖业的发展。通过拍卖交易,人们形成了新的买卖关系。在一般的贸易过程中,当买卖双方稳定地交易了几十年时,他们之间就会形成一种相互信任、对物品价值的共同看法。如今,经济的快速发展和信息技术的变化,增加了交易价格的不确定性和获取信息的成本,所以人们会更多地选择一种公开的方式交易,参与到拍卖活动中去。

拍卖作为商品交换活动的另一种交易形式,始终与贸易相伴,像一对孪生兄弟,密不可分。一部拍卖历史也是一部世界贸易史,这部图文并茂的《世界拍卖史》给我们展现的是一幅迷人的历史画卷,时间跨度2000多年,勾勒了亚洲、欧洲、美洲乃至世界各国拍卖交易发展的脉络和历程,对不同地区、不同国家重要的拍卖现象和拍卖市场用大量的图片进行了描绘,并对拍卖行业发展的规律和特点进行了点评和分析。

初读书稿,我有几点感受:第一,《世界拍卖史》按照编年史的写法,把古今中外拍卖史的重大事件逐一列出,温故而知新,引导读者把握当今拍卖市场的动态。第二,作者以严谨的治学态度分析拍卖历史上的重要事件,并且以生动的事例作为依据,图文相间,使读者在阅读中自然而然形成一个鲜活生动的结论。第三,作者立意高远,广泛吸收国外学术界百余种最新研究成果,把拍卖交易放在国际、国内大背景下来研究和探讨,对我国拍卖市场的长远发展具有指导意义。

《世界拍卖史》的作者郑鑫尧自1992年起介入中国的拍卖行业,1995年起兼任中国拍卖行业协会副秘书长至今,以一个学者的角度,观察、审视拍卖现象的发生和拍卖行业发展的脉络,收集、梳理和翻译国外文献档案,笔耕不辍,至今已先后出版多部著作,在教学和研究方面成果颇丰。相信这部《世界拍卖史》精选的数百幅图片和通俗易懂的文字能给拍卖行业内外的读者带来愉悦,满足大家追溯历史渊源的好奇心,也希望在不久的将来,鑫尧能不断有更新更好的作品问世。

是为序。

中国拍卖行业协会会长

第一章

早期的拍卖活动记录

（公元前600年~16世纪）

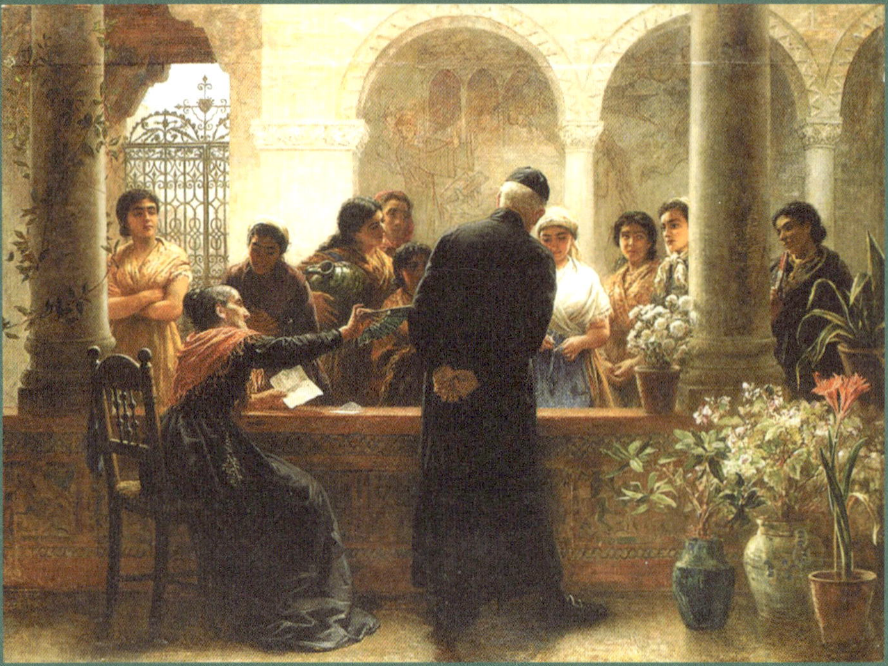

拍卖具有悠久的历史与浓厚的时代色彩，像其他事物一样，它通过不断的改造，使自己适应社会经济的发展，在世界贸易中异军突起，导引了时代的潮流。时下对拍卖的批评和误解，或许可以恰如其分地反映当前丰富多彩和瞬息万变的社会百态。历史的演变让我们看到了拍卖交易方式的差异贯穿于整个贸易史过程，拍卖方式始终随着历史的变化而变化，归根结底是异曲同工。拍卖具有2000多年的历史，即使在当今的拍卖活动中，我们也会惊奇地发现，献身于拍卖业的人们至今仍在研究古老的拍卖技艺，品味着拍卖的奇闻逸事，乐此不疲。

第一节　希罗多德记录适婚女子拍卖

幸亏人类发明了文字，让"历史之父"希罗多德（Herodotus，公元前484年～公元前425年）能够把听到的最早的适婚女子拍卖故事记录下来，传播至今。希罗多德是古希腊历史学的奠基人，他撰写的史学名著《历史》被翻译成十多种文字。希罗多德的《历史》一书，让我们有机会了解最早发生的有关拍卖的历史故事。

希罗多德出生于小亚细亚的一座名叫哈里卡那索斯的滨海城市，这是一个希腊移民建立的城市。父亲吕克色斯是当地的贵族，让希罗多德从小就受到了良好的教育。希罗多德大约三十岁时开始四处漫游，在十年时间里，他到过许多地方，足迹北到黑海沿岸，南达埃及，东至两河流域，西抵意大利。当时的交通不便，长途旅行十分艰辛，但希罗多德不畏艰险，克服了旅途中的重重困难。每到一地，他总是实地访问当地的名山大川，通过向导和翻译，了解当地的风俗习惯和社会状况，采访各种民间传说，大力搜寻历史故事，并且做了记录整

◀ 历史之父希罗多德雕像

◀ 大英博物馆收藏的这个小泥板记录了一个巴比伦官员的付款过程。这个官员到寺庙捐赠物品留有一张收据，他要求依此据减免税收。

第一章　早期的拍卖活动记录（公元前600年～16世纪） 3

理。这十年的漫游，扩大了他的眼界，丰富了知识，对他后来写作《历史》有着直接的帮助。

希罗多德《历史》一书中对最早的适婚女子拍卖是这样描述的："在这些风俗习惯当中，在我来判断，下面的一种是最聪明的。听说伊里利亚的埃涅托伊人（后世的威尼斯人）也有这样的习惯。这就是：每年在每个村落里都有一次，所有到达结婚年龄的女孩子都被集合到一处，男子则在她们的外面站成一个圆圈。然后，拍卖人一个个地把这些女孩子叫出来，再把她们出卖。他是从最美丽的那个女孩子开始的。当他把这个女孩子卖了不小的一笔款子之后，他便出卖第二个美丽的女孩子。所有这些女孩子都出卖为正式的妻子。巴比伦人当中有钱而想结婚的，便相互竞争以求得到最美丽的姑娘。但是一般的平民想求偶的，他们不大在乎美丽，便娶那些长得不漂亮可

▲ 拍卖会上，最美丽的姑娘也要精心打扮。（第一章页面图片局部之一）

是带着钱的姑娘。因为习惯上是当拍卖人把所有最美丽的姑娘卖完之后，他便把最丑的姑娘叫出来，或是把其中也许会有的一个跛腿的姑娘叫出来，把她向男子们介绍，问他们之中谁肯为了最小额的奁金而娶她。而那甘愿取得最小额奁金的人便娶了这个姑娘，出售美丽的姑娘的钱用来偿付丑姑娘的这笔奁金。这样一来，美丽的姑娘便负担了丑姑娘或是跛姑娘的奁金。谁也不允许把自己的女儿许给他所喜欢的男子，任何人如果他不真正保证把他买到的姑娘当作自己的妻子，他是不能把她带走的。不过，如果发现他们二人不同意的

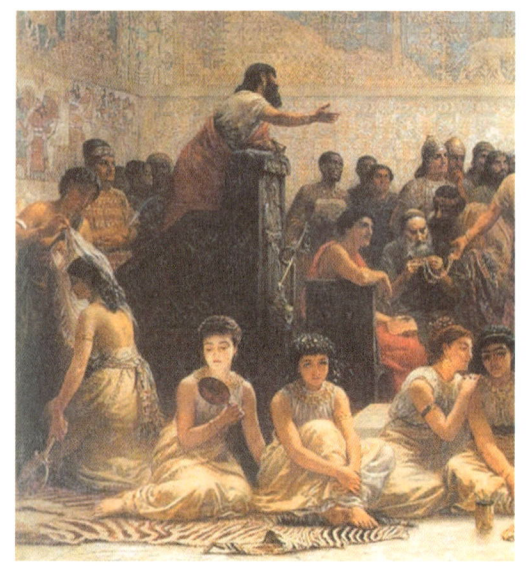

▲ 19世纪英国画家埃德温·龙根据希罗多德对适婚女子拍卖的描述而创作的绘画，台上，拍卖师在大声地吆喝。（第一章页面图片局部之二）

▲ 一边，助理让姑娘摆着姿势。（第一章页面图片局部之三）

话，则规定要把付出的钱退回。如果愿意的话，人们甚至可以从别的村落到这里来买姑娘。这乃是他们的风俗中最好的，但现在这个风俗已经废止了。"拍卖介入婚姻，是巴比伦自始至终盛行买卖婚姻的必然结果。公元前18世纪颁布的《汉谟拉比法典》规定，婚约缔结后，未婚夫须向其岳父交纳一笔聘金和聘礼。聘金是未婚妻的买身费，而聘礼则是保证履行婚约的定金。后来，在买卖婚中又加进竞价因素，于是便使新娘的身价能得到最大限度的升值，这无疑是巴比伦人的一大发明。无怪乎希罗多德对此赞誉说："这乃是他们的风俗中最好的、最聪明的。"

婚姻市场上的拍卖人是新娘拍卖活动中的主持者，其作用更是显而易见。尽管迄今尚无确切资料证明这类拍卖人是否属于专职，但由于巴比伦每年每个村落都举行一次拍卖，且希罗多德特别提到"拍卖人"一词，在《历史》一书中还提及僭主佩西斯特拉托斯的财产被公开拍卖等内容，因此可以推断，拍卖人作为一种临时性职业，至少在当时已经进入到巴比伦的买卖婚姻和商品交易中，他们应该算得上是人类历史上最早的职业拍卖人。

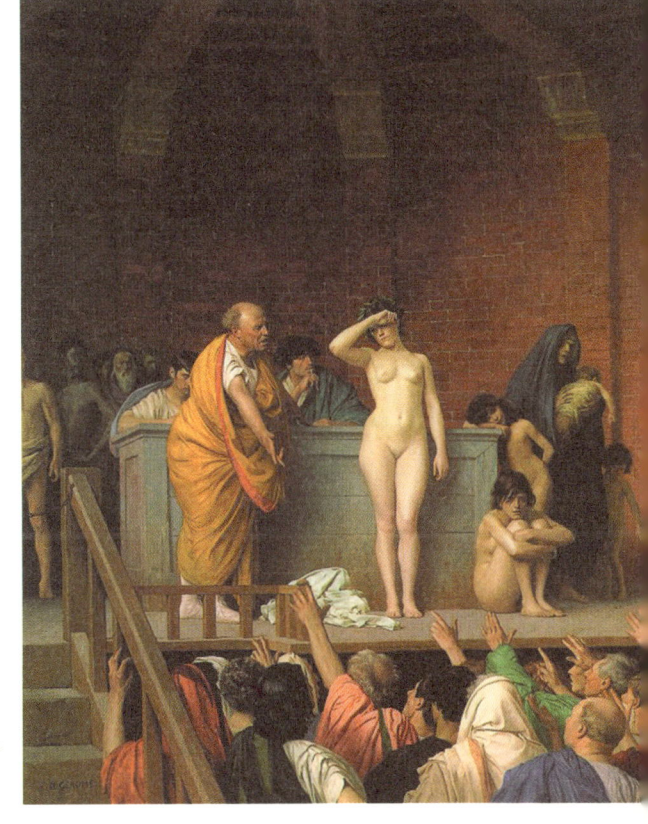

▶ 法国19世纪画家让·莱昂·热罗姆的油画作品《拍卖女奴》。

第一章　早期的拍卖活动记录（公元前600年～16世纪）

第二节　罗马王政时代开创包税制拍卖

据史料记载，罗马城是公元前753年由罗慕路斯创立的。罗慕路斯和孪生兄弟瑞摩斯传说是英雄埃涅阿斯的后代，埃涅阿斯是希腊女神阿佛洛狄特（罗马神话中称维纳斯）的儿子。罗慕路斯在台伯河畔建起了罗马城，开创了王政的时代（公元前753年~公元前509年）。在这个时代，国王掌握绝对的权力，是军队的首领、大法官和大祭祀长，其权力仅仅受到来自元老院和公民大会的遏制。元老院就是元老议会，由不同部族首脑组成。按照宪法和传统习俗，元老院有权通过或否决国王的任命以及判定国王的立法和诉讼。公民大会由罗马的全体男性公民构成，按照亲缘关系分成30组，它授予君主行使权力，而这一点由元老院最后正式批准。

在公元前6世纪到4世纪之际，罗马帝国是一个横跨欧亚非常强大的奴隶制国家。

▲ 罗慕路斯和瑞摩斯是最著名的神话故事，传说中被一头母狼喂乳抚养大，罗慕路斯后来杀死了自己的孪生兄弟。本图为鲁本斯油画《罗慕路斯与瑞摩斯》。

▲ 这幅画是著名的《西塞罗发表指责柯提林的演说》，展现的是罗马元老院的会议大厅，由19~20世纪意大利画家作于1889年，是为古迹补壁的近代画作。

▲ 罗慕路斯与瑞摩斯青铜像，坐落在在意大利首都罗马市政府大楼附近的朱庇特山山顶城市博物馆中，母狼张嘴露牙，警惕的眼睛注视着前方，腹下有两个男婴儿，正在母狼的乳头下吮奶。这座雕像就是罗马的城徽。

▲ 保存在博物馆的罗马骑士壁画。在罗马共和与早期的罗马帝国中，骑士（拉丁文 eques，复数 equites）是两个上层社会阶级之一的成员，这个阶级常常被翻译为骑士。然而，这种译法是有些贻误世人的，因为中世纪的骑士依赖他们的马匹与盔甲的物质力量，去支撑他们的地位；反之，罗马骑士经济阶级对马匹的关系是较为象征性的。

▼ 罗马骑士雕像。在罗马的政治中，骑士经济阶级的成员都拥有强大的富豪政治力量，而且他们的商业活动是没有受到限制的。元老的儿子以及其他元老家族的非元老成员都被纳入骑士经济阶级，他们有权穿有紫色条纹的短袖束腰外衣作为他们本来属于元老院一员的象征。

在罗马，骑士最初是指参加骑兵军团的贵族子弟，后来把有一定财产但不曾在骑兵军团登记的人也称为骑士。因此，许多通过在行省里包税或经商的富人也获得了骑士身份，从奥古斯都开始，骑士的社会地位不断提高。罗马帝国幅员辽阔，税收是极其苛繁的，对田地、人头、商品都要征税。征税的办法，就是由中央政府把全国分成若干税区，把每个税区需要征收的税额，交由骑士们具体组织征收，骑士们只要缴足了中央规定的数额，余下的都归自己。罗马诗人奥维德在其作品中提到，政府为在各个行省推行包税制，便将国家征收税赋的权力拍卖给出价最高的包税人（税差）或高利贷者，由其负责组织征税，而拍卖征税权力所得款项则用于罗马帝国建庙宇，修道路，向军队提供军需品，这就是世界上最早出现的包税制。

通过拍卖，征税者由税差变成了包税人（即"骑士"阶层），结果可想而知。古罗马帝国的赋税十分苛重，征自田亩、人头、商品的税收已使百姓苦不堪言，而过桥、典当等也要征

第一章 早期的拍卖活动记录（公元前600年~16世纪） | 7

◀ 图为条顿骑士团徽标。欧洲中世纪的骑士团是一系列带有强烈军事性质的组织概念的总称。骑士团的种类繁多，包括早期的带有强烈宗教性质的军事修士会和由王室建立的、私属军队性质浓厚的王室骑士团，以及作为荣誉代表和象征的荣誉型组织等。骑士团中最为出名的三大骑士团皆为军事修士会，即医院骑士团、圣殿骑士团和条顿骑士团。他们为罗马教皇组织的僧侣骑士团，其使命是镇压圣地周围的冲突，与毗邻的穆斯林国家作战，保卫和扩大十字军领地。这三个骑士团后发展为精锐的职业军，但在圣地失陷之后先后逐渐失去宗教意义。

税。由于骑士们握有权柄，所以为图厚利，往往无视法规，抬高向纳税人征收的比例，使实征额大大高于包税额，从中牟取暴利，百姓深受其害。据史料记载，曾任财政官的凯撒执政后，痛感包税之弊，便对税制实行改革，把直接税性质的田赋、人头税的征收权集中在中央，只把间接税性质的商税等仍归于骑士们包征。由于失去包税之利，骑士们纷纷反对凯撒，直到最后将其谋杀。

孟德斯鸠在其《论法的精神》一书中明晰地指出了包税制的利弊："我承认，一种新设立的赋税先由包税人征收，有时候是有好处的。要防止偷税漏税，就需要一些技巧和办法。包税人由于切身利益的关系是会想出这些办法和技巧的，而国家的征税人员是想不到的。不过，征税制度一旦被包税人制定后，便可以成功地进行直接征税。一个有钱的人总是要做他人的主人，因此，包税人对君主本人也实行专制。包税人并不是立法者，但他强逼立法者制定法律。包

▲ 查理·路易·孟德斯鸠（Charles de Secondat, Baron de Montesquieu, 1689～1755 年）出生于法国波尔多附近的拉伯烈德庄园的贵族世家，是法国伟大的启蒙思想家、法学家。图为孟德斯鸠肖像。

▶当路易十四1661年开始掌政时,法国已经濒临破产了。通过大量的战争和宫廷的支出,他促进了商业的发展和货币的流通。在他统治的晚期估计法国税收的一半用在凡尔赛宫的支出中。此外,许多钱财消失在官僚机构的贪污中。当时法国的税收有商业税、盐税和土地税,过时的税收制度规定贵族和僧侣不必纳税,因此,沉重的税务负担就完全落到农民和正在兴起的中产阶级(市民)身上了,法国大革命的原因之一就是人们对法国税收制度不公平的不满。

税人让人们看到一些法规带来的眼前利益,但这些法规却要为将来带来不幸的。"

从税收史料里可以看到:欧洲实行包税制的国家多,延续的时间长。公元18世纪欧洲已经进行工业革命,工业蓬勃发展,贸易也走向了世界。但是,当时的法国、普鲁士、奥地利、意大利等许多国家,仍还在实行形形色色的包税制。特别是法国,在它当时征收的八个主要税种中,有烟酒税、盐税、国内产品税、关税、国有财产税等五个税种仍在实行包税制。法国包税制的强化和扩大,大约是在17世纪末到18世纪初的法王路易十四执政的年代。路易十四穷兵黩武,连年扩大侵略战争,因而导致严重的"财政饥渴症",他便把解决财政困窘的办法压在包税制身上,把包税制推行到登峰造极的地步。

第一章 早期的拍卖活动记录(公元前600年~16世纪)

第三节 罗马帝国:战争催生拍卖业

罗马共和时期(公元前509年~公元前27年)到帝国时期(公元前27年~公元476年),是世界拍卖史上的第一个高潮。自公元前5世纪起,罗马疯狂进行对外军事扩张,在数百年之间,先后统一意大利半岛,占有西西里、科西嘉、撒丁等岛屿、波河流域、大部分西班牙、小亚细亚西部、北非的一部分地区,并乘版图增加之机,建立起行省制度,开始称霸地中海。在长期的掠夺战争中,罗马商人和士兵找到了一条共同发财致富的道路。

每当战争发生,大批商人就随军出发,罗马军队获胜,他们在战场上就地买卖士兵们掠夺到的多余战利品。此时,士兵将长矛插在地上,四周堆满物品,包括价值较高的盔甲、军服、武器及生活用品。通过拍卖,士兵普遍都能大发一笔战争财,而商人则忙着倒卖二手货,从中赚取差价。罗马士兵不仅在战场上充当拍卖人,而且班师回城后,仍经常在城门之外摆摊,继续拍卖自己囤积或尚未售出的战利品。

▲ 有随军商人同行,罗马士兵随时随地可以结伙搭伴做买卖。

对外战争不仅使罗马士兵大规模参与拍卖,而且为罗马的奴隶拍卖创造了条件,使其达到了前所未有的繁荣阶段,成为罗马拍卖业中的一个主要部分。当时,战俘、破产的债务人和被劫掠的人口是罗马奴隶的三个主要来源,他们中有相当一部分是经拍卖方式售出而沦为奴隶的,随军商人大量拍卖在战场上廉价购得的战俘及和平居民为奴;收税官吏拍卖被征服地区不堪罗马重税压榨而破产的居民为奴;海盗们则将乘战乱抢劫的人口拍卖为奴。

罗马军团俘获敌军士兵为奴隶。(早期绘画作品之一)

受罗马士兵拍卖战利品的影响,奴隶拍卖人往往也在拍卖地点如城市广场或集市上竖起长矛,权作拍卖标识,招揽顾客。他们还给准备卖掉的奴隶作好特殊标记:双腿涂白粉,头戴花冠或羊皮小帽,颈上挂着一个小牌,上书出身、年龄、特长等自然情况。据史料记载,公元前168年第三次马其顿战争,仅伊庇鲁斯一带就有15万人被卖为奴;公元前102年罗马执政官马略战胜条顿人,有9万人被卖为奴;公元前52年与51年间,时任总督的凯撒征服高卢人,亦有5万人被卖为奴。如此众多的奴隶,除了在奴隶市场上被标价出售外,其中便有不少是通过拍卖方式成交的。

罗马一项"首创"的拍卖价格纪录,可能要数发生于公元前146年希腊亚该亚之战的

◀ 罗马军团俘获战俘为奴隶。(早期绘画作品之二)

第一章 早期的拍卖活动记录(公元前600年~16世纪)

▶ 罗马法学家西塞罗（Marcus Tullius Cicero,公元前 106 年~公元前 43 年）是罗马最杰出的演说家,出身于富裕的骑士家庭,先后在著名的修辞学家、法学家所办的学校接受教育。起初从事律师工作,不久后步入政界,公元前 64 年当选为执政官,后因死守共和制而被罗马"后三巨头同盟"的官员捕杀。

军事胜利后。在军事上取得胜利后,执行官卢修斯·马缪斯下令,凡油画及雕塑之类的战利品必须在罗马公开拍卖销售。在拍卖阿利斯泰兹(音)所画的一幅酒神巴克斯的油画时,报价竟达到 600 000 赛斯特思(古罗马的一种银质币制),这是一个非常昂贵的价格,相当于当时 23 000 枚金币。买受人是佩尔加缪(Pergamum)的国王阿特拉(Attala)。但罗马当局对此深表疑虑,认为这幅画具有某些特异功能,还可能具有某些魔力,只不过人们对此未予认识,否则阿特拉就不会出这么高的价格。最终,罗马当局拒发"珍品"出境证,不允许将油画带出罗马,阿特拉只能空手而归。事后,罗马当局将此画请入教堂,放在谷类女神像旁,作为教堂的点缀。

公元前 88 年~前 83 年,罗马执政官苏拉率军征战东方和黑海南岸古国本都,他将拍卖引入海外统辖区,用于处理敌产,扩充财源。公元前 80 年,罗马法学家西塞罗(公元前 64 年当选执政官)在法院作出的一个判决中提出,将诉讼委托人用作担保物的财产强制拍卖,从而再次确认拍卖在司法审理财产纠纷案件中的重要作用。公元前 47 年~前 44 年在位的罗马独裁者凯撒和公元 161 年~180 年在位的罗马皇帝奥里利厄斯,执政期间都曾因国库空虚、财政拮据而大动拍卖念头,他们先后拍卖过皇室的家具、物品和一些传世之宝,用于支付政府所欠下的巨额债务。

公元 79 年,意大利发生火山爆发,古都庞培全城淹没,但对考古学家和历史学家来

▲ 法庭辩护士是罗马时代荣耀风光的"贵族",替债务人辩护是他们的拿手好戏,尽管最后债务人仍难免牢狱之灾。(19世纪油画作品)。

说,却因此得到了非常丰富的历史资料。这场骇人听闻的惨祸对拍卖业来说,只是这条灾难锁链上的一个小小的链环。当地拍卖师的一幅肖像连同当时货币的仿制品,都会勾起人们对这座城市的缅怀。拍卖师卢修斯·凯锡宙斯·朱坎杜斯的半身像于1845年被发掘,现今存放在意大利那不勒斯博物馆。

罗马帝国后期,拍卖更加广泛地渗透到罗马社会生活的各个方面,拍卖方式、拍卖性质、拍卖规模都有很大变化。有强制拍卖,也有任意拍卖;有自行拍卖,也有委托拍卖;有民间拍卖,也有政府拍卖;有平民拍卖,也有皇室拍卖;既有商业性拍卖,又有非商业性拍卖;拍卖不但涉及经济、司法,而且涉及政治、军事,其中的关系错综复杂,令人叹为观止。

第四节　罗马帝国时期拍卖皇位的故事

▶ 康茂德，又译柯摩达、科莫德斯、高摩达，被历史学家评为罗马帝国最恶劣的君主之一，其中最主要的原因，是他一手结束了五贤君时代的强盛繁华，使罗马帝国陷入战乱之中。图为康茂德扮成海格力斯神的雕像。

出生于 1737 年的英国历史学家爱德华·吉本（Edward Gibbon）在其所著的《罗马帝国的衰亡》一书中，对发生于罗马帝国时期（公元前 27 年～公元 476 年）193 年的皇位拍卖有详细的记录。

公元 193 年，遭人痛恨的暴君皇帝康茂德（Lucius Aurelius Commodus Antoninus）被情人和一位职业摔跤手害死。宫里的阴谋家把最高统治权交给了年纪很大、思想保守的元老佩提那克斯。佩提那克斯登上皇位，试图进行改革，但屡遭挫败。公元 193 年 3 月 28 日上午，三百名罗马禁卫军士兵涌入皇宫——这本来是他们应该保卫的地方，搜捕他们的统治者佩提那克斯。禁卫军士兵在皇帝佩提那克斯的严厉统治下早就感到很痛苦，现在他们决心除掉他。他们并没有搜寻很久，佩提那克斯迎着他们走出来，毫不畏惧地责备想要谋杀他的人。一时之间他们呆若木鸡并感到羞愧。忽然一个卫兵冲向前去，把他的剑刺进了佩提那克斯的身体，其余的人和他一起砍下了皇帝的头。这次行动就这样结束了。

罗马皇帝的位置是很重要的，因为登上王位的人不仅统治意大利，而且统治分布在从莱茵河向东到幼发拉底河向西到泰晤士河区域的一亿五千万人。这样实际上就支配了那个时代大部分公认的文明世界。禁卫军杀了他们的皇帝以后，必须再找一个人来代替他。他们曾建议把君权交给元老院的几个议员，但议员们都拒绝接受。因为佩提那克斯廉政治国，深孚众望，政府官员和

▶ 被禁卫军刺杀的皇帝佩提那克斯（雕像）。

▲ 罗马禁卫军士兵谋杀皇帝佩提那克斯继而拍卖皇位的行为，与"僭主"政治时代有相同之处。"僭主"是不合法的政权篡夺者，僭主政治指用武力夺取政权而建立的个人独裁统治。公元前7世纪至公元前6世纪，希腊各城邦普遍地实行这种政权形式。僭主在位期间，为稳定社会秩序、巩固统治地位，一般都专制独裁，同时实行鼓励工商业发展和奖掖文化的政策。（图为早期绘画作品，描绘僭主政治时代统治者被刺杀的场面。）

老百姓对这次谋杀感到愤怒。

爱德华·吉本在书中写道："禁卫军残暴地杀害佩提那克斯的事实际已彻底粉碎了皇帝宝座的尊严，他们接下去的行为则更进一步使得它威风扫地了。军营中已再没有任何首领，因为甚至引起这场风暴的卫队长莱塔斯，也明知众怒难犯，明智地躲开了。在这一片疯狂的混乱之中，皇帝的老丈人、罗马市的总督苏尔皮西阿努斯是在听到第一个兵变消息时被派往军营去的，他原曾想尽力使激怒的群众安静下来，但一些杀人犯用长矛举着他的女婿佩提那克斯的头颅欢呼着回到军营里来的情景却使他立即沉默下来了。"

一些禁卫军士兵建议公开拍卖王位，把这个位置给予肯出最高代价获得它的罗马公民。于是，一个大嗓门的士兵立即爬上了城市周围的土墙，并沿着土墙跑着喊："罗马帝国拍卖了！罗马帝国拍卖了！"这个惊人的消息传到六十一岁的狄狄乌斯·尤利安努斯那里。尤利安努斯出生于米兰，由于从事海上贸易而发了财，是最富有的罗马元老院议员之一。爱德华·吉本在描述他的特性时，曾说他是"无用的老头儿"。当时他正和他的妻子、女儿在一起吃晚饭。他的家人和奴隶说服了他，使他相信皇帝穿的紫色斗篷的大小长短可能正适合他穿。他急忙跑去，那里士兵们正在不耐烦地等着拍卖开始。

◀ 罗马城墙断垣残壁。

第一章 早期的拍卖活动记录（公元前600年～16世纪）

▲ 希腊银币德拉马克。最早的希腊古币并非出现在今日希腊本土，而是出现在小亚细亚吕底亚王国，准确的时间很难确定，但一般认为出现于公元前671年～前546年。币材选用吕底亚王国首府莎迪斯（Sardes）河中的自然金银矿，组成为3金1银，俗称琥珀金（electrum）。币一面为吕底亚徽记牛首和狮首，另一面为压印印记，琥珀金标注重约14克，相当于士兵一个月的饷金。此前，所有贵金属块币（bullion）均通过秤量使用。吕底亚王国克罗伊斯（Croesus）采用标准总量和成色的块金为币，从而大大的便利了商业交易活动。此类标准币很快在小亚细亚从西向东部波斯推广，并横跨爱琴海到希腊本土以及地中海沿岸地区。

▲ 一心想买个皇位过把瘾的狄狄乌斯·尤利安努斯（雕像）终于如愿以偿。

爱德华·吉本在书中写道："尽管历史已使我们惯于看到，在狂热的野心的驱使下，任何原则、任何其他考虑是都不会发生任何作用的。但是，在如此恐怖的时刻，在皇位刚刚被一位和他如此亲近、如此出色的皇帝的血涂满的情况下，苏尔皮西阿努斯却竟然还极力想爬上那一宝座，这可真是一件绝对让人难以置信的事。他已经开始在使用那唯一有效的论证，并正为君主的尊严讨价还价，但这时禁卫军中更为小心谨慎的一些人，唯恐这样私下成交，他们将不可能将如此昂贵的一件商品卖得一笔公正的价钱，于是跑到军营外面去，大声高呼，宣称要将罗马世界公开拍卖了，谁出价最高便将归谁。"

"这一混账至极的做法，这种军人专横的最无理表现，使得全城的人都普遍感到悲伤、羞耻和愤怒。拍卖的事最后传到了狄狄乌斯·尤利安努斯的耳中，这位狂妄的老人立即赶到苏尔皮西阿努斯正在和禁卫军讨价还价的军营的围墙外面，开始和苏尔皮西阿努斯比着出价。这一项下流的交易在几个忠诚的信差的帮助下进行着，由这些信差来回传递消息，一次次告诉他们那另一位候选人已出价多少。苏尔皮西阿努斯已答应给每个士兵5 000德拉克马（大约160多镑）；这时急于获得皇位的尤利安努斯一下提出6 250德拉克马，也就是200镑以上了。军营的大门立即为这位大买主敞开了,他立即被尊为罗马皇帝,并接受了士兵们的效忠宣誓,他倒也还有些良心,当场宣布对于苏尔皮西阿努斯和他争夺王位的事,一概不予追究。"

就在当天晚上,新统治者的第一个行动是召集敌对的议员。狄狄乌斯·尤利安努斯舒舒服服地坐在元老院中传统的罗马皇帝宝座上,对当时亲佩提那克斯的议员贵族讲了下面的话:"尊敬的议员们,我知道王位是空缺的。我必须告诉你们,我认为没有人比我更应该补这个空缺了。我不会占用你们太多的时间来吹嘘我自己或向你们提醒我的美德。因为我相信,你们之中没有人不知道我的美德。我认为你们都很了解我,所以我不再打扰你们。我谨通知你们,军队本身已经考虑好了选我为皇帝。所以我到这里来让你们批准他们的选择。"议员们被站在附近全副武装的罗马禁卫军士兵吓住了,立即批准了尤利安努斯为罗马皇帝。

当皇帝尤利安努斯在他私人卫队的保护下前往他的新住宅时,激怒了的市民向他投石头。吉本写道:"按他的命令准备了盛大的宴会,他玩骰子,欣赏庆祝舞蹈家派拉德斯的演出,一直玩到深夜。可是据说在奉承他的人群散去后,他一个人留在黑暗中感到孤独和非常可耻。他度过了一个不眠之夜,很可能在他脑子里会反复想到自己鲁莽的愚蠢行为、他的善良的前任的命运以及这个前景难卜、危险重重的帝国职位。这个帝国,他不是凭功绩得到的,而是用金钱买来的。"

虽然尤利安努斯在黑夜中由于思前想后而痛苦万分,但他并不知道自己的命运早已注定了。罗马一群起义的市民已经派使者前往驻在帝国最远地区的罗马军团战斗部队去了。在英国、叙利亚、潘诺尼亚和达尔马提亚前哨驻地的有权势的罗马将军,得到了这个

◀西维勒斯所完成的八百英里行军在军事上是件了不起的事情。他强迫他的战士们一天步行二十英里(包括翻越阿尔卑斯山,如图),于公元193年6月2日在行军的第四十天到达了罗马。这样的速度即使在今天也算是一个奇迹。

第一章　早期的拍卖活动记录(公元前600年~16世纪)

▶ 尤利安努斯搞巫术的仪式和祭祀并未带给他好运。巫术在许多历史资料里都有记载。所谓巫术是企图借助超自然的神秘力量对某些人或事物施加影响或给予控制的方术。古代施术者女称巫,男称觋。巫术通过一定的仪式表演,利用和操纵某种超自然的力量来影响人类生活或自然界的事件,以满足一定的目的。

可耻的拍卖消息。只有一个人即赛普蒂米厄斯·西维勒斯采取了行动。他是一个漂亮而残忍的人,以前当过法律工作者,在非洲长大。他在潘诺尼亚营地上向士兵们提出,如果他们同意离开他们在多瑙河(在现在的维也纳附近)的驻地,并立即向罗马进军,他就给他们巨额的赏金。

当赛普蒂米厄斯·西维勒斯部队动身赴罗马时,尤利安努斯看到了信使的日报,知道他们已经越过阿尔卑斯山,正在迅速推进。尤利安努斯在绝望中派了一名使者去见西维勒斯,提出把帝国分给他一半,如果他拒绝就杀死他。西维勒斯回答说,他宁愿有尤利安努斯这样一个仇人,也不愿有这样一个共事者,并立即把使者杀了。智穷才尽的尤利安努斯派了一群神甫和修女去阻挡西维勒斯,同样也失败了。尤利安努斯只好集中力量搞巫术的仪式和祭祀。西维勒斯所完成的八百英里行军在军事上是件了不起的事情。他全身披着甲胄,大步走在士兵的前面,很少停下来吃饭或休息,只是强迫他的战士们一天走二十英里。他们于公元193年6月2日在行军的第四十天到达了罗马,并违反传统穿着战斗的服装进入首都。

发抖的狄狄乌斯·尤利安努斯在皇宫里被找到了。十二个普通士兵把他带到他住宅的浴场里,当时他喊道:"难道我做过什么坏事吗?难道我花钱买个皇帝当有错吗?"在他的浴场里,他们砍下了他的头。狄狄乌斯·尤利安努斯耗费巨资买了六十六天的帝国统治权,还丢了自己的小命,这是一笔非常不合算的买卖。

第五节 商业、金融发达衍生专业拍卖行

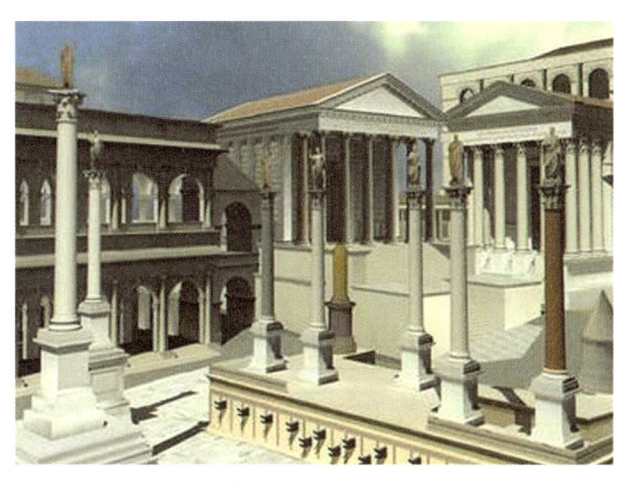

在罗马共和国早期,其经济属性虽然是以农业为主的自然经济,但商业活动繁盛不息。罗马城里既有各种神的庙宇和富人的住宅,也有工匠和商人的店铺,在店铺里,罗马人可以用谷物、油或酒来换取盐或粗糙的铁制工具和武器。到公元前2世纪,罗马的对外贸易已遍布地中海各地,意大利商人在提洛岛、巴尔干半岛、小亚细亚、高卢等地从事商业活动。罗马本土进口的货物种类主要有原料、食品、制造品、奢侈品和艺术品。其中,金属、粗羊毛、兽皮、皮革等来自高卢和西班牙;木材来自叙利亚,香料、没药来自阿拉伯;粮食来自西西里、小亚细亚和埃及;副食品类的咸鱼来自黑海和西班牙;腌渍物和干酪来自高卢,艺术品则多来自希腊。此外,奴隶贸易在罗马进口贸易中也占有举足轻重的地位。

▲ 计算机按照历史文献模拟复制而成的古罗马公共聚会的场所。

罗马商业发展的突出表现是金融业的发展。罗马共和国在公元前4世纪中叶出现了重铜钱,单位是阿斯,但这种货币仅是生铜块,不便于携带和流通。到公元前268年罗马开始铸造银币,单位是第那流斯。1个第那流斯等于10个阿斯。此外,当时还铸造了一种小银币塞斯特斯,等于1/4第那流斯。新货币具有贮存、携带、流通、保值等商品交换所期望的功能。它极大地满足了商业发展的需求,同时也推动了金融信贷业的发展。自公元前3世纪中叶以后,随着罗马的货币制度逐渐推广到意大利全境,凡外邦人携带本国铸币抵达古罗马本土,首先要做的事就是把他们本国的货币兑换成罗马的第那流斯银币。这样一来,最初的银行兑换业就诞生了。

拍卖在古罗马得到了盛况空前的发展。由于拍卖呈方兴未艾之势,原本分散兼营的各类拍卖人便逐渐被专门从事拍卖专业的拍卖商所代替。后来,一些拍卖商或单独或合伙组建机构、成

▲ 古罗马货币塞斯特斯。

第一章 早期的拍卖活动记录(公元前600年~16世纪) 19

▲ 扩张的罗马帝国推动了商业的繁荣。(壁雕)

▲ 图拉真广场是古罗马的购物中心。图拉真于公元107年开始建造广场，以纪念他于公元101年～102年及105年～106年间对达契亚(今日的罗马尼亚)的征服。他的新广场至今都是极具野心的想法，巨大的露天场所中央有一尊君主骑在马背上的雕像，还有一座巨大的长方形基督教堂以及两座宽敞的图书馆。广场相当于现代的购物中心，大约有150家商店，出售包括从来自东方的丝绸、香料到水果、鲜鱼和鲜花等物品。失业救济金也是在这里发放的。图为资料图片：图拉真广场。

立门店，开设了拍卖行。罗马时期的拍卖行在社会上影响很大，而且总是成为人们趋之若鹜的择业场所。据罗马著名讽刺诗人尤维那尔(公元58年～138年)在其第七部作品中描述，当时不少落魄的文人墨客也常去拍卖行找活干。他写道："无论人们希望怎样，无论人们动机如何，一切都由凯撒决定，唯独缪斯尚受崇敬。可惜文人空享盛名，只缘身历悲惨时代，一贫如洗企盼小钱，但求面包果腹充饥。罗马城中投身拍卖，逢场高叫决不含糊，颜面蒙羞全然不顾，即便女神亦当如此。饿骨铮铮分文不值，弃笔休墨情理皆容，争先恐后四处奔走，拍卖行里谋职心切。"由于史料所限，有关罗马时期拍卖行的具体情况迄今尚未充分掌握。但罗马已存在拍卖行这一商业中介机构，却是可以认定的客观事实。

欧洲中世纪是世界拍卖业的衰落、萧条和停滞时期，在长达一千多年的时间里，西方各主要国家几乎都没有拍卖活动。其中的原因十分复杂，诸如封建社会自给自足的自然经济占统治地位，生产主要是为了满足封建主阶级的需要。封建土地所有制使占人口绝大多数的广大农民对地主有很强的人身依附关系，加之实行实物地租，造成货币流通量相对减少。在商品经济中发展起来的城市始终受着强大的封建政权的控制，城市工商业长期服从于封建统治阶级的需要等等。因此，受各方面条件的限制，人们在交换中往往更习惯于在城乡举行的定期集市上以货易货或平价买卖，而不采取耗费货币量大的拍卖方式。直至16世纪中叶，才陆续有一些拍卖活动的记载，内容也逐渐变得丰富多彩。

第二章

17 世纪欧洲拍卖业的复兴

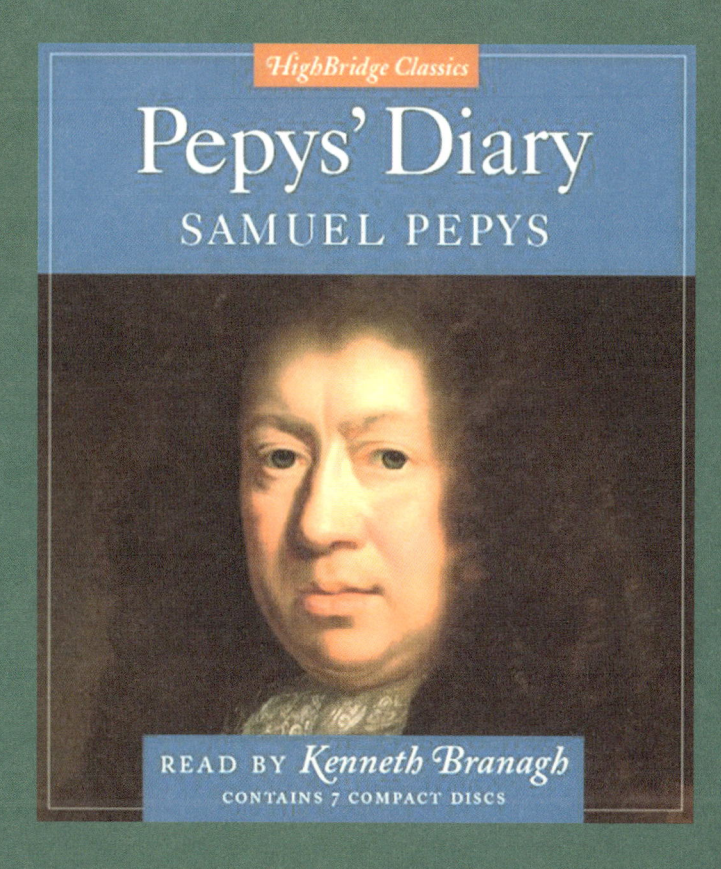

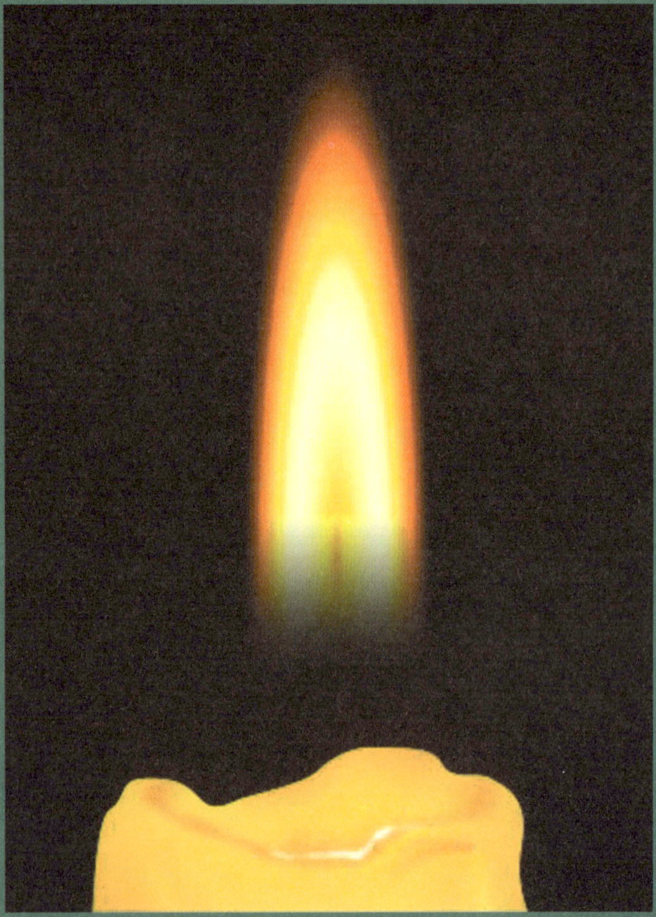

关于拍卖一词的最早解释,见于1595年版的牛津英语词典,而见诸于法律上的定义,最早出自1795年伦敦法院的一起诉讼案,在复杂的法律辩词中明确了拍卖人的定义。据资料证实,"查尔斯一世依据亨利七世立宪的原则,最早将拍卖界定为商业行为",并认定拍卖人具有"超脱"行为,除拍卖人外,任何人都不得以大声吆喝方式进行商品买卖活动。

▲ 亨利七世(1457年1月28日~1509年4月21日),英格兰国王,1485年8月22日~1509年4月21日在位。亨利七世任内奖励工商业发展,有贤王之称。

▶ 查尔斯一世(1600年11月19日~1649年1月30日),英国国王,1625年3月27日~1649年1月30日在位。

第二章　17世纪欧洲拍卖业的复兴

第一节　17世纪初的法国债务人财产拍卖

有关拍卖业复苏的资料最早是从法国政府的文件中发现的,其中最早的文件是一项1556号法案,提案人是"债务人的财产拍卖执行人"。以往,债务人的财产只有拍卖执行人才有权评估、处置,而提出这项法案使情况有了改变。商人们提议,如果财产的所有权属于亡故人或债务人的话,他们有权与拍卖执行人一样参与买卖,在公平的条件下进行交易。当时,采用的竞价方式几乎是最古老的一种,实行出价最高的人"得"。当时"执行人"的行为类似于拍卖人,但又不同于现代的拍卖人。拍卖时,拍卖人有义务对标的物作比较详细的介绍,这对竞买人来说是非常重要的。

一份记述翔实、保存完好的17世

▶ 萨巴思迪安·缪雪奥(1740年6月6日~1814年4月25日)肖像,法国作家。

▲ 17世纪法国古币(正面)。　　　　▲ 17世纪法国古币(背面)。

24　世界拍卖史

▶ 欠债还钱天经地义，欠债不还的结果一定是人入牢狱，财产被拍卖。图为17世纪法国著名的"舰队债务人监狱"。（早期绘画作品）

纪初的报纸展现了当时的拍卖场景，这份资料来自巴黎的《巴黎时报》（Tableau de Paris），作者是萨巴思迪安·缪雪奥，他写道："经济繁荣使拍卖逐渐走进生活，富豪们在拍卖会上悠闲自得的姿态与平民百姓在拍卖会上冷静思考形成了一种反差，但却使大宗商品实现了销售。拍卖人的生意一天天变得红火，亏损、破产、死亡都会给拍卖人带来利润。资产的变更、场地的迁移或环境的变化，不论是被迫的或自愿的，都会要求进行拍卖。

"拍卖人经常把自己装扮成既是买家又是卖家，既可将成交款存在他自己的账户上，也可与买家进行合作，因为他懂得怎样去操作。一旦木槌敲响，表示所报价格不可撤销。价格敲定前，不管观众有多么喧闹，但拍卖人除了倾听竞买人连续不断的呼叫'加一个苏，加一个苏（昔日法国的一种铜币）'之外，他只管在叫'一次，二次，第三次'。因为拍卖人总是在讲'这是最后一次了，赶快，赶快啊'，所以给人的印象是物品马上就要卖掉了。可是，人群中还是继续在叫'加一个苏，一个苏'。拍品从第一次报价起，就是一次一个苏一个苏地加码，把拍品加到了几千'里弗'（古时法国一种银币）。多一个苏就可能成交，一个苏可能会改变一件艺术品的命运。穿着黑色衣服的拍卖师，拖着长笛般的声调，扯着破嗓子，口水四溅地在叫喊。这种声音叫得窗户哒哒响，耳边灌满着既单调又震耳欲聋的声音。喊叫'安静'的嘶哑声盖不住人群中的嘈杂声，人群中有的人将所购物品翻来覆去地进行仔细查看，有的人因没有达到自己的要求而喃喃地埋怨。"

"当你参加了一个喧嚣的拍卖会，单调的报价声和窃窃私语所形成的嗡嗡声足以在你耳边回响两星期，这就是拍卖成交的全过程，即使是鲁本斯的画也是这样被拍掉的。遗产的拍卖，债权人有优先购买权。厨房器具最先拍卖，因为死者不再需要这些用具了。这些瓶瓶罐罐的买主与钻石、家具和旧缎带的买主混在一起。"从上述的描述和1660～1680年的资料中可以断定，当时的拍卖已经十分普遍，并且出现了专场拍卖。

第二章　17世纪欧洲拍卖业的复兴 | 25

第二节　17 世纪的英国："燃烛法"报价兴起

▶ 塞缪尔·佩皮斯（1633 年 2 月 23 日～1703 年 5 月 26 日），英国海军军官、国会议员，因其著作《塞缪尔·佩皮斯的日记》而闻名。

有文献资料显示，17 世纪的英格兰同法国一样，拍卖是由法院指定的专业人士在进行操作的。第一篇描述拍卖活动的资料来自塞缪尔·佩皮斯日记，他在 1660 年 11 月 6 日的记录如下："在我们的办公室里，我第一次看到一英寸的小蜡烛，它们用来拍卖两条船。我看他们如何一个接一个地报价，最后他们又如何成交。第一条船的船名叫'印度号'，以 1 300 英镑成交；另一条船名叫'半月号'，以 830 英镑成交。"

约两年后，该日记又记录了一起更完整的拍卖船只的情况。这一次佩皮斯抓住了拍卖活动的最佳视点，日记的日期是 1662 年 9 月 3 日。"晚餐后，我们碰巧赶上韦默思'成功与友情'号废船的拍卖，很高兴地看到最终出买人如何抢先出价。当蜡烛即将熄灭时，他们叫骂、相互竞争，然后，谁是最后一个出价人，该船就卖给谁。这次，我看到了一个比其他人更狡猾的家伙，他就是最后报价并买到船的人。问他如何会抓住最终成交的机遇时，他告诉我，就是要看燃烧蜡烛火焰熄灭前的烟雾，这是我以前从未注意到的现象。他就是根据烟雾出现时的瞬间，抢先出价，达到最后成交的目的。"

这些日记都是记录以拍卖方式处理海军废弃帆船的实况，由于佩皮斯日记中记录的类似事件不断增多，所以，他就特别注意竞买人的竞价技巧。可以从中得出的结论是，这个竞买人从事竞买活动已有较长的时间，否则竞买技巧难以得到发挥。

佩皮斯看到的特殊拍卖是"燃烛 / 烛光式拍

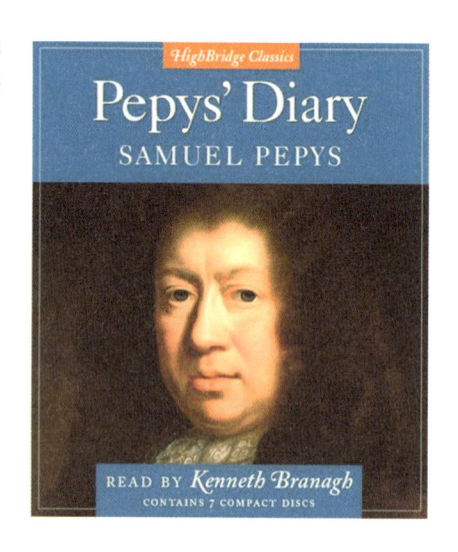

▲ 一英寸蜡烛。

卖",也有人称之为"英国式拍卖"。这种方法在英格兰沿用已久。通常的做法是,从事拍卖工作的商人点燃一支一英寸长的蜡烛,在火焰熄灭前的一瞬间,最后一个报价的竞价人就成为买受人。可以想象,如果没有佩皮斯的简短介绍,就不懂得掌握时机是竞价成功的基础。当然,我们也可以想象,最后一个竞价人产生前,经历了多么激烈的竞争场面。

尽管当时正在试验着好几种拍卖方式,但毫无疑问,"燃烛法"在17世纪末的英格兰还是非常盛行。燃烛法所以能广泛运用,其原因是发布于1698年的《威廉法案》,这部与《东印度贸易法案》相关的法案废除了向东印度公司进口商品必须是个人而不是单位的苛刻条件。由于允许商圈,而不一定非要个人才可向东印度公司委托运输,因此,这种船运后来发展成为世人皆知的东印度公司。

财政大臣严格限制年度进口的总额,进口货物严格实行配额制。法案宣布了超额进口货物的惩罚制度,以及建立检查员制度,由授权检查员直接查封超额进口的货物。这项法案具体规定了超额进口货物的特殊处置办法,法案规定:所有公司直属或与东印度有

▼ 英国东印度公司(总部大楼)是16~19世纪葡萄牙、英国、荷兰、丹麦、法国等欧洲殖民主义国家对印度和东南亚各国经营垄断贸易、进行殖民地掠夺而特许设立的公司。

关的货物和商人,只要进口到英格兰或威尔士的货物必须遵守本法案,凡因超额进口而构成犯罪或因违约而没收的物品,均以公开、公正的燃烛/烛光式拍卖出售其个人财产或物资。这是法律明文规定以公开的方式对罚没货物进行特殊处理的方法。毫无疑问,这种拍卖方式不但在当时广泛使用,而且已执行了很多年。

据文献资料记载,使用"燃烛法"的历史悠久,英格兰是最早采用燃烛法进行公开买卖的国家。甚至在当今,法国每年秋天举行的新酒交易会时,依然使用这种方法。但是,燃烛拍卖的最大缺点是其交易速度比较缓慢,每一笔交易都要待点燃蜡烛后才开始竞价。佩皮斯看到的拍卖会,总共只成交了两到三艘船,可见当时并不注重拍卖的速度,或者说没有关注到拍卖的成本与收益。

▲17世纪的英国东印度公司交易大厅,正在举行定期的拍卖会,来自英国以及欧洲各地的批发商竞相报价,场面热闹而喧哗。(18世纪绘画作品)

第三节 绘画艺术品渐成拍卖会主流商品

17世纪，拍卖商希望改变报价方式，需要一种更快的拍卖速度。17世纪末和18世纪期间，出现了一种融拍卖快节奏和异国情调相结合的方式——"无声竞价"，逐渐取代了"燃烛法"。"无声竞价"又称"烛柱竞价法"（即"燃烛法"的一个变种）。商品拥有者（委托人）将保留价写在纸上，再将写有底价的纸条放在蜡烛的烛柱底部，如果报价低于保留价，所报价格无效。烛柱竞价法的特点是，每个报价人都不知道其他竞买人的报价，各自将价格写在纸上，拍卖人看过所有报价后，宣布出价最高的买受人（这种报价类似现代的密封式报价）。经过一段时间的实践后，认为这是一种成功的增价竞价方式，并被拍卖商和理论界所承认。大多数18世纪词典对"拍卖"所下的定义是，拍卖是一种增值竞价，某些辞典还列出了"燃烛法"，称其是又一种拍卖形式。《大英百科全书》第一次修订版于1771年印刷，书中将两种拍卖方式同时列出。更早出版的塞缪尔·约翰逊英语词典对"拍卖"一词的解释如下：拍卖是交易的一种手段，交易时，竞价人一个接一个地报价，直到所报价格到达卖方可以接受的最低价格。

▲ 17世纪末的烛台，报价的纸条被要求放在烛柱的底部。

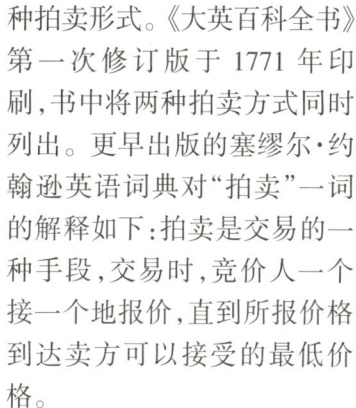

◀ 17世纪成立的法国巴黎左岸咖啡馆是欧洲最时髦的拍卖场所。

第二章 17世纪欧洲拍卖业的复兴

17世纪末,拍卖在伦敦已非常普及。当年的《伦敦广角》刊物以"拍卖行日常进出的人物"为题指出,这一段时期,大多数商业交易都集中在时髦的咖啡屋,其中有人准备将书画进行交易。由此可以推论,艺术和拍卖的长期合作产生于这一段时间。拍卖商拉尔夫·杰姆斯撰写过一篇文章,虽未直接引用交易所的一些原始资料,但却记录了这一时期的交易信息。

　　杰姆斯先生于1689年2月在巴巴多斯咖啡屋交易了部分图画,记录情况如下:"这是我首次尝试用拍卖方式交易油画和水彩画。我以贵族的风度自律,这会给我带来尊敬和声誉,还会给我带来诚实的好名声。因此,我先倾听豪绅和买主的意见,了解一些绘画

◀ 伦勃朗是17世纪著名的画家。这幅伦勃朗的自画像有鲜明的个性表现,在这幅画像中,他很注意脸部的内在气质,并着意于其中蕴涵着的内在语言。画中的伦勃朗,一双眼睛炯炯有神,似乎在严肃地思考着什么。画家用简约、阔大的笔触表达他的内心情感,而那严肃的神情,正是他生活重压日益加剧的外在反映。

的基本知识,以防出现偏见或引起误解。出于对管理上的需要,我制定了一份拍卖规则,防止物主本人或其同伙对委托的拍品自我哄抬。我的愿望是,抓住一切机遇,使买主感到满意,增加交易额。这些努力都是一种尝试,但肯定都会有结果,为了共同的利益,我毫无后悔之意。我至今仍在努力,增加我的肺活量,在拍卖时能增加说话的中气。"

　　拍卖师缪林顿先生曾指出,在他主持拍卖活动中需要增加肺活量,这表明他在拍卖时采用的是渐增式口头报价拍卖法。这些文字使我们对这一时期的拍卖方式有了进一步

的认识,即尽管当时流行的是燃烛式拍卖,17世纪末存在着一种口头报价的拍卖方法。

杰姆斯先生又写道:"拍卖品一旦出售,他们采用矿检法进行鉴别(此法在英格兰已无人使用)。拍卖日期是3月12日星期四、13日星期五和14日星期六三天。地点是詹姆斯大街斯密塞士先生的咖啡屋,拍卖会每天上午9点开始,油画的展示时间自即日起至拍卖会举行之时止。现场提供拍品目录。"

这份资料中还提到所采用的拍卖方法是一种至今仍"未在英格兰使用过的方法",可以推测,所指的拍卖方法属于渐减式(降价式)竞价,是荷兰的一种竞价方式。拍卖人将每一宗拍品先报出一个高价,然后再逐步下降,直至有人说"它是我的"为止。这种方法在荷兰使用已久,被称为"荷兰式拍卖"。若几个人同时都要该宗拍品,荷兰式拍卖就会允许竞买人另行报价,这使拍卖又回到了渐增式的报价。

17世纪末,拍卖报价方法出现了分化。这种分化表明,高层次的拍卖行必须采用好几种方法,以适应拍卖各种拍品的需要。一个繁荣的商业区,肯定会出现一种良性竞争,管理层必须寻找一种新的拍卖报价方法,以吸引客户参加竞买,从而扩大影响,增加成交额。

▲ 成立于1707年的奥地利多罗姆拍卖行,是世界上最古老的拍卖行之一,总部设在维也纳。

第四节 专业拍卖师伦敦隆重登场

17世纪末到18世纪初，拍卖师这个职业受到社会高度关注，一些商界精英纷纷加入拍卖师行列。

克里斯托弗·科克是18世纪首屈一指的拍卖师，1735年，他在自己的修道花园里开了一家拍卖行，生意非常红火。为了寻找一些有价值的信息，有一位名叫彼特·阿什的《房地产广角》杂志记者，费尽周折找到了18世纪初的报纸广告，研究克里斯托弗·科克的拍卖经历。他的结论是：动产拍卖实际上早于不动产的拍卖，当时很多动产拍卖人随着市场的发展而改为对不动产的拍卖。

这些观点虽得到了研究人员的支持，但早期的资料很不完整，很难勾画出整个事物的来龙去脉，只能从广告的只字片语中去研究。1735年4月25日的《每日广告报》最早记录了科克的活动，广告叙述了三笔动产在科克先生修道花园广场上进行拍卖的经过，刊登这种形式的广告就可以说明，科克先生在当时已是非常成功的拍卖人，能够从当天最有影响的报纸插入广告，表明他非常有实力。1739年3月8日到10日的《伦敦晚报邮报》刊登了一则拍卖破产者仓库和破产者个人财产的广告，内容如下：

应贝德福特大街已故托马斯·索罗古德先生指定人的要求，将于4月5日星期五及以后几天里在科克先生的修道花园广场内拍卖出售亡故人的修道花园和物品。这些物资包括家中值钱的油画、金银器、家具以及罗宾斯穿过的长袍、短袍等服饰。星期六在拍卖现场分发拍品目录，4月2日星期一起，每天11点开始展示，直至拍卖之时为止。注意，第一天将拍卖位于裴廷顿大街教堂附近的两幢破产者的房屋。

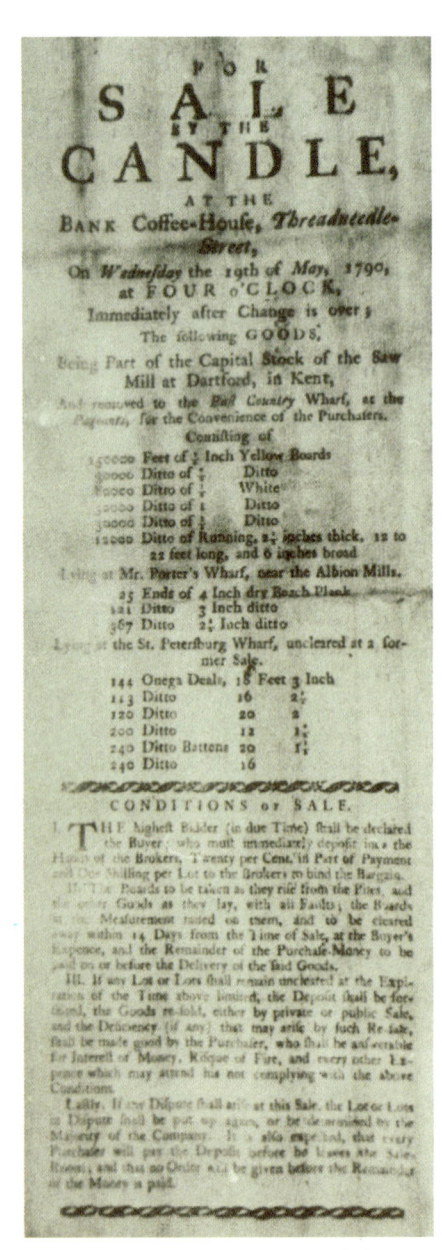

▲ 18世纪烛光拍卖会广告。

一年之后的《伦敦晚报邮报》也刊登了科克的广告,介绍拍品的情况:星期一下午3点科克先生将在维兹森拍卖已故荣誉将军克劳夫兹的房地产。房屋和土地位于伯克市郊沃菲尔德教区的哈勒·格林地区。拍品详情如下:土地约6英亩,其余是册封的不动产,房屋、花园、家具整体拍卖。注意:风景秀丽,附近有森林,距温泽6英里,离巴格肖特4英里,斯坦斯9英里,靠近公路(路况良好,交通便利)。

▲ 17~18世纪,家中值钱的油画、金银器被拍卖是富豪们家道中落的象征。(早期绘画作品)

科克是一位有纪念意义的拍卖人,他业务娴熟,客户遍及全国各地,甚至贵族们也常来光顾。1740年2月,他处理了盖恩斯巴勒一位女伯爵名叫多拉格的祖传家具,并在广告栏中发现这是一起创纪录的拍卖,他宣布的强制拍卖至少有10座房屋,包括位于老邦德大街的2座房产。报章中引用的广告词称,科克是一位由动产拍卖转入不动产拍卖的拍卖人,自1740年起就悉

◀ 对于拍卖行来说,贵族的城堡是一流的拍卖品,城堡内的所有物品都有"含金量"。

第二章　17世纪欧洲拍卖业的复兴

▲ 18世纪,贵族们也经常携带家人观看拍卖会。(早期绘画作品)

心经营不动产的拍卖,但同时也没有忽视"家具和动产"的销售。

报纸广告和其他资料证明,克里斯托弗·科克作为一个拍卖人,已将拍卖业务扩展到世人从未涉足的领域,他的行为已对拍卖业产生了重要的影响,并为18世纪乃至以后拍卖业的发展开拓了一条新路。

第三章

17、18 世纪的书籍拍卖

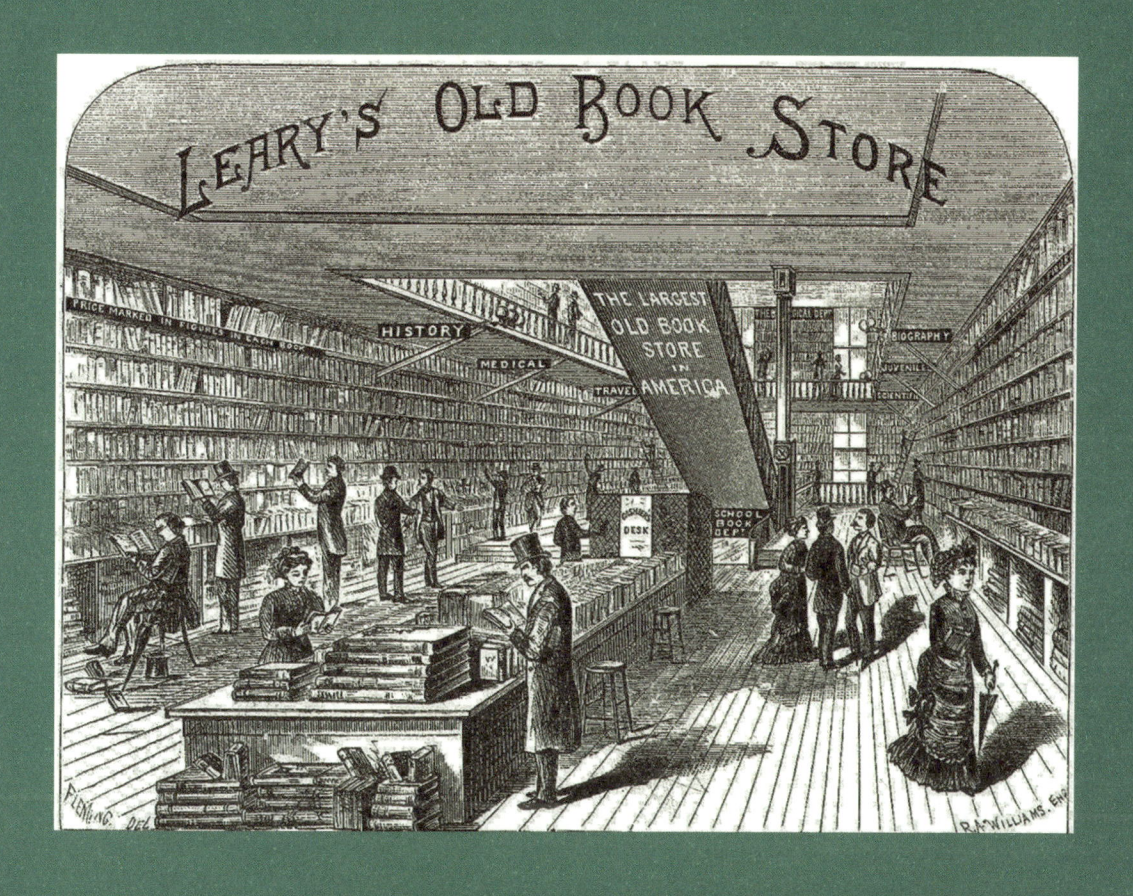

FROM
CALLAHAN'S "OLD
BOOK" STORE,
DEALER IN
Old, New & Scarce
BOOKS.
22 East 2nd So.
Salt Lake City, Utah

欧洲拍卖业复兴阶段，数量最多、最重要的拍品要数书籍，当时的贵族群体晚间结伴到咖啡馆观看书籍拍卖会成为一种时尚。书商和书籍爱好者们认为，书籍的价格会随着它的影响力、时间、数量、珍贵程度或其他不同因素而变得不稳定，而拍卖能如实地反映价格，对买卖双方都有益处，值得推广。自17世纪起，拍卖的书籍数量几乎每年都在上升。

◀ 本图是荷兰阿姆斯特丹1734～1765年间出版的药理书籍第四卷的插图。图中医师正在描述植物对病理的影响。本套图书是伦敦佳士得1997年珍稀图书专场的拍品，估价为15万～20万美元。

▲ 在17世纪，伦敦咖啡屋是富人们交流思想的地方，也是羊皮纸书最集中的场所，书籍拍卖会通常在此举行。（早期绘画作品）

第一节　商业宣传：拍卖目录与公告比肩

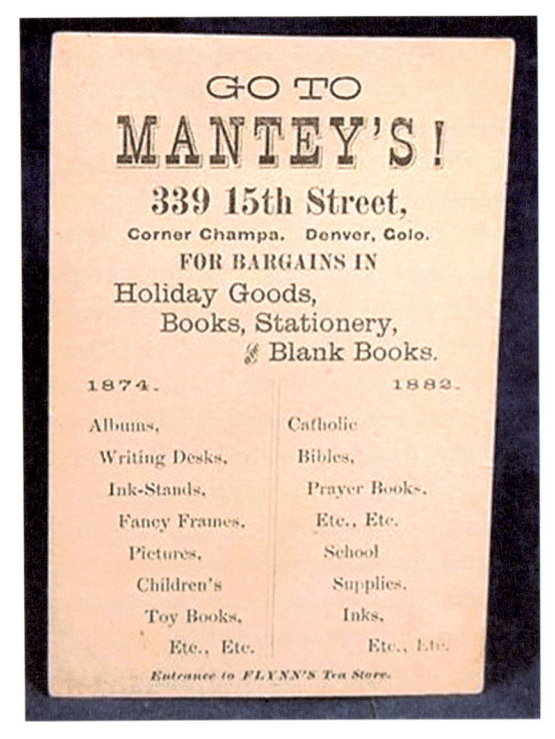

▲一份 19 世纪书商的自我宣传广告。

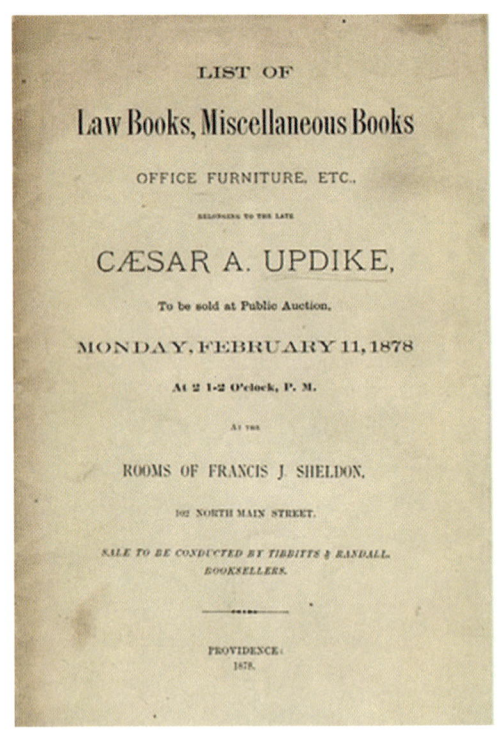

▲美国书商普罗维斯登的图书销售目录。

书籍拍卖会需要广而告之，吸引人们参与，而最早的宣传工具是图书目录。荷兰书籍收藏家埃尔德·冈德收藏的 1599 年的拍卖会印刷目录一直被认为是最古老的目录，它的一些副本被保存下来。根据零星的史料可以推断，早在 16 世纪，书籍拍卖在荷兰就已经非常普遍，早期的这些拍卖会大多都由结盟的书商组织筹办。有数据表明，在 1599 年～1670 年这段时间，大约有 652 份书籍拍卖目录，当然，可能还有更多的目录未被发现。这些目录因为使用时间的短暂而很难被保留下来，这种印刷品正如藏书规则一样，"现在藏存的数量越少，说明了以前印发的数量越多"。当 1676 年英国出现了第一份印刷拍卖目录时，在荷兰已经举行了上千次拍卖会，也出现了上千份不同的目录，但现存的寥寥无几，一份难求。

对 17 世纪举办拍卖会的认识来源于多方面的信息，有一条很明显的线索，就是当时举办拍卖会需及时向当地有关部门备案。海牙的荷兰法院要求书商每场拍卖会交纳 1.5

1764 年的荷兰盾钱币。

▼ 刊登在报纸上的书籍拍卖广告。

盾的费用并上报 8 份目录。其他城镇则要求按行业协会的规定编制、上报每场拍卖的目录，完整的拍卖目录必须在拍卖会举办前 8 天报给行业协会。关于目录的另一种信息来源于书商在报纸上刊登的公告，这是公布举办拍卖会的消息。这种公告可以在各种地方性报纸上看到，在荷兰以荷兰文发布公告，当然也会以法文形式出现在一些报纸上，但是篇幅较小。这些公告会对收藏品进行一番描述，比如原收藏人的名字、拍卖会举办的时间和地点以及可以获取拍卖目录的书店名称等等。

有时候，在拍卖会举办之前很早就会发布公告。例如，1683 年 12 月 23 日，在《莱顿公报》上

第三章　17、18 世纪的书籍拍卖　39

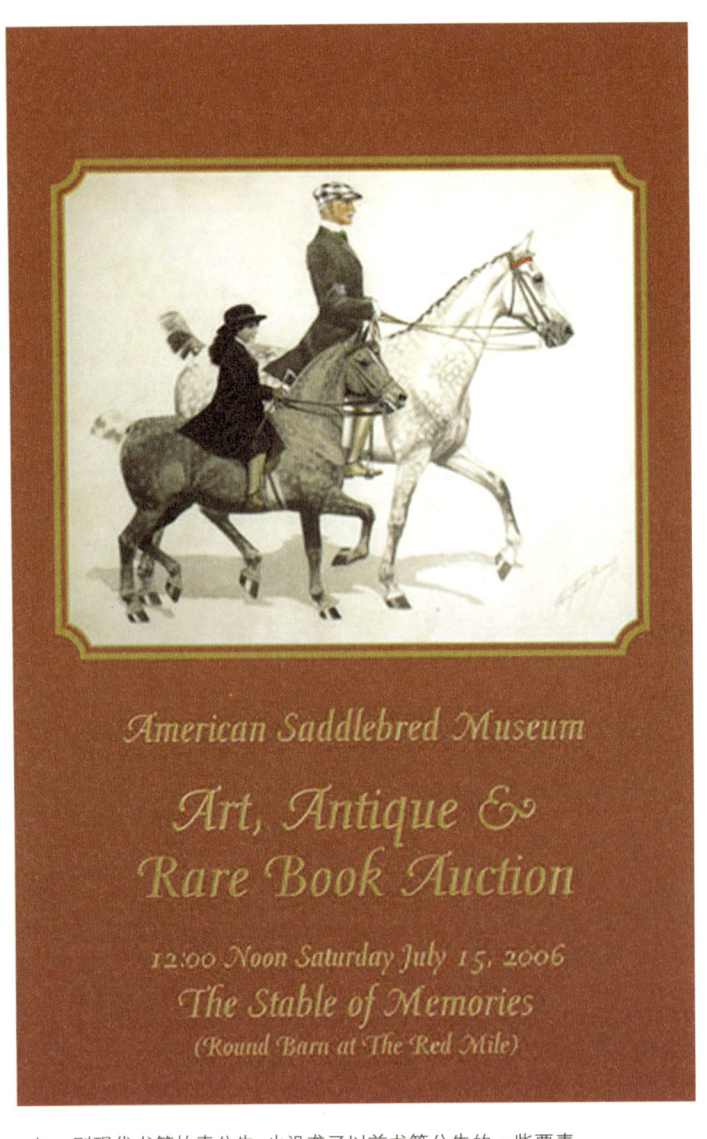

▲ 一则现代书籍拍卖公告，也沿袭了以前书籍公告的一些要素。

公布了已故劳伦斯·范·德·赫姆的著名收藏室将在1684年4月举行拍卖。有时，荷兰的书商也会在英国报纸上刊登拍卖会的公告，17世纪末期，《伦敦公报》上也刊登了同样的广告和通知，这些被提到的目录在伦敦书商的书店里到处可见。从书商彼得·范·德和他的伦敦同伴萨缪尔·史密斯的关系我们可以发现，范·德曾将斯奈尔洛纽斯拍卖会（1691）的目录寄给史密斯，拍卖目录中出现了史密斯的名字，表明史密斯既是书籍拍卖会的合作伙伴，还是提供目录的书店老板之一。可以确定的是，拍卖目录与刊登公告联手并举的措施给书商们带来了无限商机。

第二节　服务方式：诚恳加耐心赢得公众

◀《伦敦公报》(London Gazette)是著名报人亨利·麦迪曼(Henry Muddiman)在牛津发行的英国第一份报纸，也是英国一项主要的官方传播媒体，一般法令通告都须要在该报上刊登。《伦敦公报》自1665年11月7日开始刊行，被认为是英格兰历史最悠久、连续出版时间最长的报纸，书籍拍卖商得到该报的长期支持。

▲ 伦敦皇家交易所。

尽管在销售方面存在一些问题，拍卖方式还是带来了出售书籍的第二次革命。书籍拍卖中目录、广告宣传所产生的一系列价值，在17世纪之初就已确立，自1665年以来，拍卖商得到了《伦敦公报》为代表的报业方面一如既往的支持和鼓励。从事拍卖书籍方面的工作，需要具有所有交易层次的丰富经验，而不局限于旧书交易和古籍交易，尤其要树立流通方面的信誉，防止交易中出现瑕疵。任何一种新市场的行销策略，都必须建立一种信息反馈的联系形式。英格兰首次确认使用拍卖形式出售名片（1674年）和书籍（1676年）都是在《伦敦公报》上"一遍又一遍"地叫喊，用这种拍卖的方式来替代传统的、具有悠久历史的售卖方式。伦敦街上常见的叫卖是17世纪从荷兰引进的，荷兰人称之为"唱卖人"，职责包括了组织公开拍卖。尽管这种专卖形式在17世纪末城市政治变革时期不再具有生命力，但这种"叫卖"在1700年伦敦皇家交易所（参见上图）的"拍卖办公室"里依然被采用。当时，除书籍以外，几乎每种物品都可以采用这种叫卖的形式进行出售。

17世纪前后，由于对书籍买卖过程中的拍卖方式存有争议，迫使书籍拍卖会的组织者必须及时应对当时发生的情况，并尽量对社会的舆论做出反映。早在1678年，书商理

第三章　17、18世纪的书籍拍卖

◀ 18世纪在罗马出版的书籍，伦敦佳士得拍品，估价7万～9万美元。

Bonelli, Giorgio. Hortus Romanus.
Rome 1772-1793. 8 volumes. Large folio.
The Schlundt – Plesch – de Belder copy.
Estimate: $70,000–$90,000

查德·奇斯韦尔和约翰·当莫就表示，他们不会为抬价而组织竞买："有人诽谤我们，说我们用间接的手段抬高物品的价格。我们发表的声明是，这是毫无根据的诽谤，而且是一种恶毒的猜测，是对我们成功举行拍卖而产生的嫉妒。为了防止产生这种猜疑，我们已拒绝预收买受人向我们提供的任何形式的佣金（因为有些佣金没有限额）。"由于新闻报道、宣传以及由此产生的潜在危险已经开始浮现，拍卖商开始谨慎起来，尽可能以通过服务大众的方式来改善状况。1687年，伦敦著名的书籍拍卖师爱德华·米林顿曾让他的助手广泛宣传："如果你们不能直接参加拍卖，不论是在剑桥和牛津，还是其他城市，只要有拍卖目录的地方，我们都可以为你们——博学多才的绅士们——提供专业的服务。""不论是旧书还是新书总会出现一些质量问题，也总会有很多的投诉，在拍卖会上经常出现……绅士们离开拍卖现场时请认真检查和核对您的书籍，也可以请人帮助您进行检查。当然，您需要的是一个专业的和心细的人，……我相信并希望能采用这种检查和核对的方法来消除您的疑虑。如果还有问题，我们在拍卖结束时会真诚地帮您处理这些问题。"拍卖商的诚恳加耐心最终让消费者改变了观念，确立了拍卖方式在书籍销售中的重要地位。

▲ 绅士是对既有钱又有身份的男人的尊称，他们既是书籍拍卖的委托人，又是买家，极受尊重。在18世纪的伦敦和巴黎，去咖啡馆买书被认为是非常时髦的社交活动。（早期绘画作品）

第三节 经营策略：拍卖商艺术品商联手

▶ 威斯敏斯特大厅（建筑物照片）。

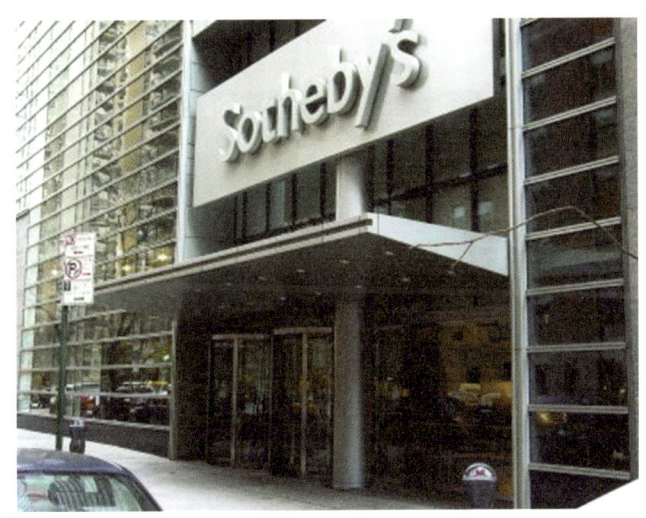

▲ 著名的苏富比拍卖行最早是从事书籍拍卖的专业机构。

广告会披露拍卖会的各种消息。精明、活跃的威廉姆·米勒是一位小记录本、文稿纸和布纹纸（新货或二手货）的交易商，经常看广告参加书籍拍卖会。1696年2月27日星期五，他创导了一种可能成为促销活动的拍卖会，在威斯敏斯特大厅拍卖了大约20 000册布纹书。第二周，他原计划在住内室内举行，但随后被迫修改了计划。他宣布，由于"拍卖会没有得到预期的支持和鼓励"，客户可以参加戈尔登·艾

第三章 17、18世纪的书籍拍卖

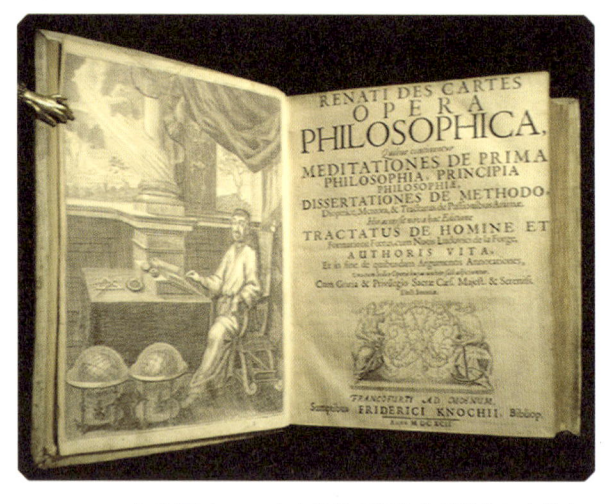

▲ 圣经。

▲ 出版于1667年有关地理学和荷兰城市历史的书。

科的拍卖会,并可从目录中挑选所需要的书籍。他的建议反映了一种趋势,就是书籍拍卖有时可以通过报纸广告改变营销策略,与其他商人联手合作。

广告提供了信息,也推动了广告设计的发展,在一些不特定的评论中,多次强调了代表整体形象的装帧设计——"备份字体和字间行距的编排"、"合理的印刷量、精美的装订和喷金术"或"全部精装和字距的编排"等条件是至关重要的。1691年,玛丽巷的汤姆咖啡屋举办了劳德·戴尔公爵的拍卖会,会上发现买主非常重视对开纸书籍的版式,精心收藏的《圣经》显得非常令人瞩目,特别是他收藏的西克斯特思(第5代)的圣经版本,书籍衍缝工艺和装帧工艺精美的大量藏品也明显受到买家推崇。

连续不断的公告给拍卖制定了一张时刻表,注明了每场拍卖的时间,有的拍卖会分为上、下午两场。通常是上午9点或10点开始,中午休息,下午2点继续拍卖,直到下午6

▲ 17世纪的意大利奖牌也受到学生的喜爱。

◀ 17世纪绘画《耶稣肖像》。

点或更晚些或者书籍拍完为止。从刊登的广告来看，拍卖都集中在冬（春）季的6个月里，冬天是商业贸易活跃的旺季，根据市场的需求或根据财政的紧迫状况，伦敦的销售活动可延长至6月或7月。8月和9月上旬是伦敦的拍卖休眠期，凡在这种时候报纸上出现广告，几乎都是有关信息瞬变的跨省异地销售。有些拍卖会由当时著名的拍卖师爱德华·米林顿亲自操作，他经常在剑桥附近斯德大桥集市上为需要借款和游艺活动的大学生们刊登广告，顺带出售书籍、图画、奖牌和雕塑等。夏天拍品的特点是轻型而奇异，比伦敦广告上的拍品更胜一筹。1689年9月，报上有公告称，在圣·埃德蒙—伯里集市的拍卖会上出售"一批综合性藏书"，有科学类、历史、航海、旅游、野史、戏剧等内容的书籍，"男女皆宜"。该次拍卖会上还有许多人工制造的珍品，包括玫瑰饰品、各类意大利出口香水、匈牙利衣料、西班牙灯具，以及日本制造的盒子等。在很长一段时间里，书籍拍卖商与艺术品商人联手合作，推出一批适合大学生阅读的羊皮纸旧版书、珍藏版书以及绘画、雕塑、奖杯、奖牌等艺术收藏品，颇受学生欢迎，商人赚了个人财两旺。

▶ 17世纪的雕塑品。

第三章 17、18世纪的书籍拍卖

第四节　利益博弈：降低成本摆脱垄断

17世纪的书籍拍卖宣传上，经常报道有关图录的编写方法和途径，吸引委托人来拍卖行。同时还利用公众对报刊的信任，对拍卖销售进行商业性宣传。在宣传之初，图书目录和报刊宣传互为一体，是组织销售的一个整体。拍卖商后来尝试将打印的目录首页直接印刷在《伦敦公报》上，这种构思可以令人产生某种遐想，相应的效果远远超过原有的设想，很有创意。报刊广告可以快速搜寻，找出由于某种原因而没有记录在案的其他销售活动，这就让公众可以掌握1700年之前一段时间内书籍买卖的真实情况。由于目录和公告有着紧密的联系，同时又由于收藏者都喜欢保存这些目录，这就要求拍卖商的数据如实、准确，如果实际成交价位与拍卖目录的估价出现太大的误差，会降低参与者的期望值。1690年，在伯钦巷和科恩·希尔的船舫上拍卖出售了大量的书籍，由于拍卖要耗时数周，所以拍卖商在广告中特别注明"无目录"，此举被公众质疑为"采用了一种非常规的方法来增加交易的利润"，这对拍卖商而言是一个极其深刻的教训。

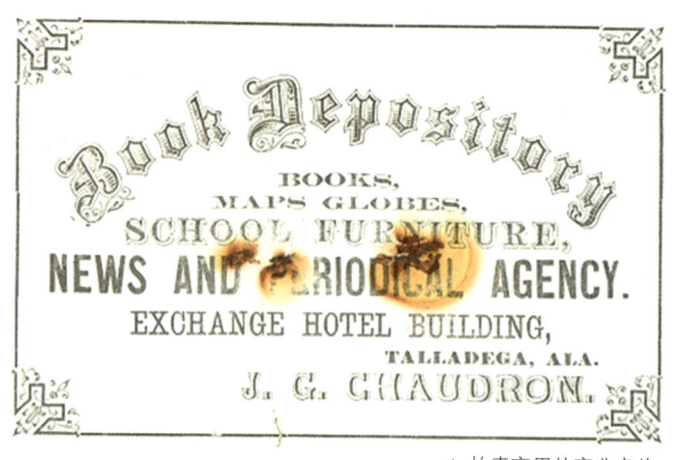

▲ 拍卖商用的商业卡片。

拍卖各类书籍时在报纸上刊登广告是商业上的一种需要，当一份宣传广告刊登了拍卖信息，但如果不能正确描述拍品的实质内容，这种广告是毫无意义的。同样，如果不标明出售物品是采用拍卖的方式，还是其他形式的销售，那么售卖时就会引起混乱。可以肯定的是，报刊上登载了很多有关书籍拍卖的广告，但却不是所有销售活动都刊登广告。根据资料记载和统计，大约25%~30%的售书目录会刊登广告。1700年之前，书籍、图画的拍卖公告都已形成了一种固定格式，使确认的每种书目与广告相一致，书籍以卷册的方式来表示数量，这是17世纪70年代以后逐渐形成的一种惯例。进入1690年，由于其他形式的宣传告示被印刷业广泛利用，伦敦市中心的广告业遭到传单、告示的冲击，广告商收益大减。

17世纪90年代末，尽管报刊还保持着"权威出版"、高级资质和强大宣传力度的美誉，但是精通书籍拍卖的组织者逐渐减少了利用报刊进行宣传的次数，不过仍然与报纸

▲ 商业性的拍卖会当时也会在圣彼得大教堂的大厅里举行。

保持一种纯商业上的联系。1695年后，报业面临的挑战是呈上升趋势，而不再具有垄断地位，报界常因广告数量减弱、资金短缺而导致出现其他问题，一些报纸开始迁就拍卖组织者，期望得到广告源。而拍卖商们则通过《伦敦公报》及其联合体的广告合作，广泛接触到国内的读者，逐渐组成了一支专业的队伍，充分利用图书目录和宣传资料的信息传播优势，渐渐摆脱了依赖广告做宣传的局面。1698年，埃克塞特市各大书籍拍卖巨头把持的街头宣传广告，因信息介质相同而与伦敦当地报业产生了激烈碰撞，拍卖商首次尝试印发目录和宣传告示来取代刊登公告。拍卖会在邻近的圣·彼德教堂的大厅内举行，而图书目录和资料则在埃克塞特市或德文郡的各市咖啡馆内发放，没有让伦敦报业的广告商分一杯羹。

▲ 德文郡市一角。

第三章　17、18世纪的书籍拍卖　　47

第五节　长远规划：图书与艺术品兼容

▶ 英国的旧书店。

　　17世纪80年代初期的广告表明，伦敦存在着许多专业的书籍出售中心，长此以往成为公认的"拍卖场所"。这种场所在拍卖期间可展出书籍拍品并举行拍卖会，而平时就是整个英国的旧书收藏协会会员进行旧书交易的活动中心。书籍交易不仅仅是商场或个体经营场所式的买卖关系，更重要的是一种相互间的信息、情感交流。这种拍卖场所已明显区别于咖啡屋、酒馆、小商品商店之类的场地，已成为一种有特别含义的场所。

▶ 旧书和绘画一起卖，也可谓相得益彰。

　　在伦敦，书籍爱好者经常聚集在圣·保罗大教堂和新改建的车站大厅附近的几个据点（包括咖啡馆），第一个场所是沃里克巷，位于沃里克法院的对面（17世纪80年代末，以熊的标志而闻名）；第二个场所是紧靠拉德门大街，马车道玛丽巷的正南面；第三个场所是艾维巷新兴门市场的另一

▲ 19世纪的沃里克郡集市一角。

端；第四处是佩蒂·卡农思巷通向圣·保罗的小北门。17世纪90年代，罗尔咖啡屋更名为"罗尔拍卖厅"。

许多出售绘画的广告中，也包括了一些图解的书籍，而圣·马丁巷的布罗姆斯堡西部有出售画家名录和法国的藏书。商业圈内的精品交相辉映，但核心地区依然保持着商品的独特性，报纸广告从不同侧面介绍进入交易场所的路线图，以及进入交易所的观众状况。书籍拍卖公告反映了书籍交易已形成更系列化的特征，广告中确认的最初用于

▲ 旧版拉丁文图书。

第三章　17、18世纪的书籍拍卖

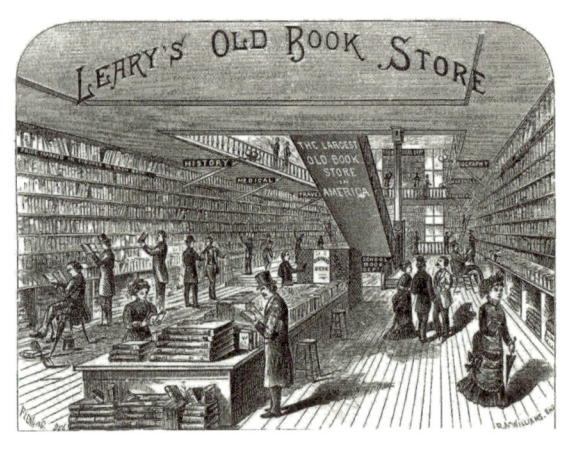

▲ 1880年美国费城的书店。（早期绘画作品）

拍卖的交易规则，已成为书商自己进入拍卖交易和寻找代理人的必备条件。

图书目录和广告为书籍拍卖的发展创造了一条捷径，报刊宣传将书籍拍卖带进了新世纪，并在建立正规的书籍出售和收藏渠道方面扮演了一个重要的角色。拍卖并不是新闻，但是，每天大量的报刊上都有拍卖的各种报道，这种现象是让人惊奇的，拍卖与销售的互补和双赢成了商家们聊天的重要话题。

▲ 书店招牌上的广告"绝版书"、"出版商"、"古董商"三位一体。

第四章

拍卖商卷入奴隶拍卖丑闻

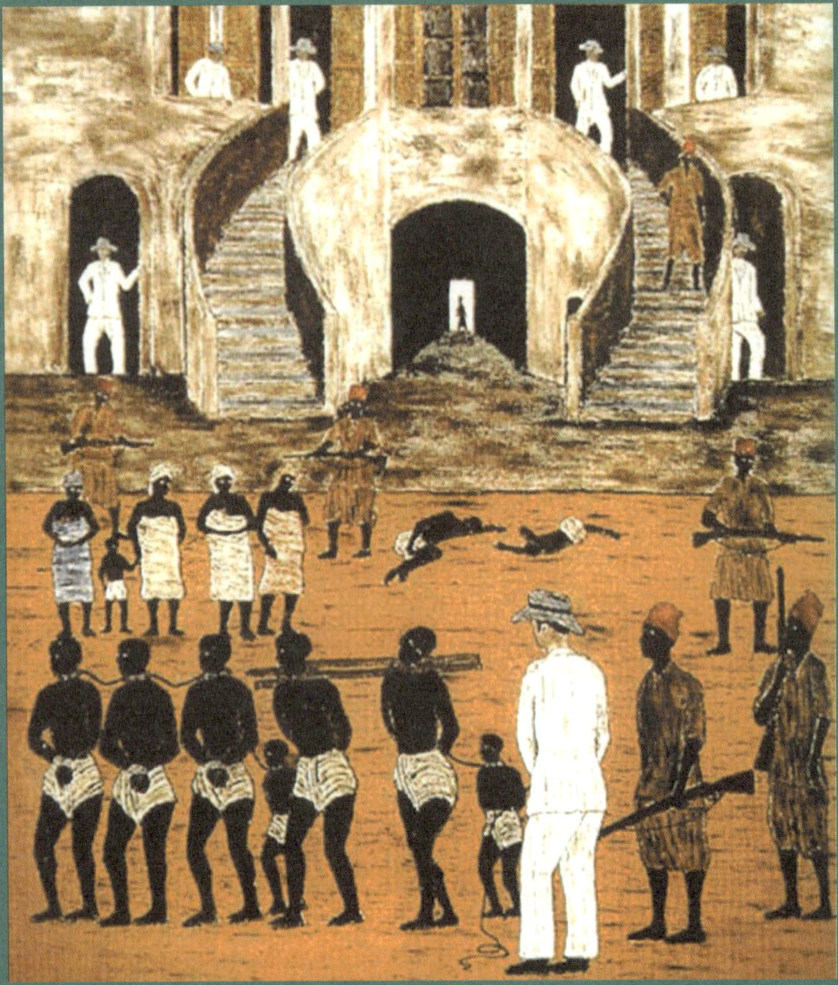

新航路的开辟为奴隶贸易打开了一条四通八达的航道。

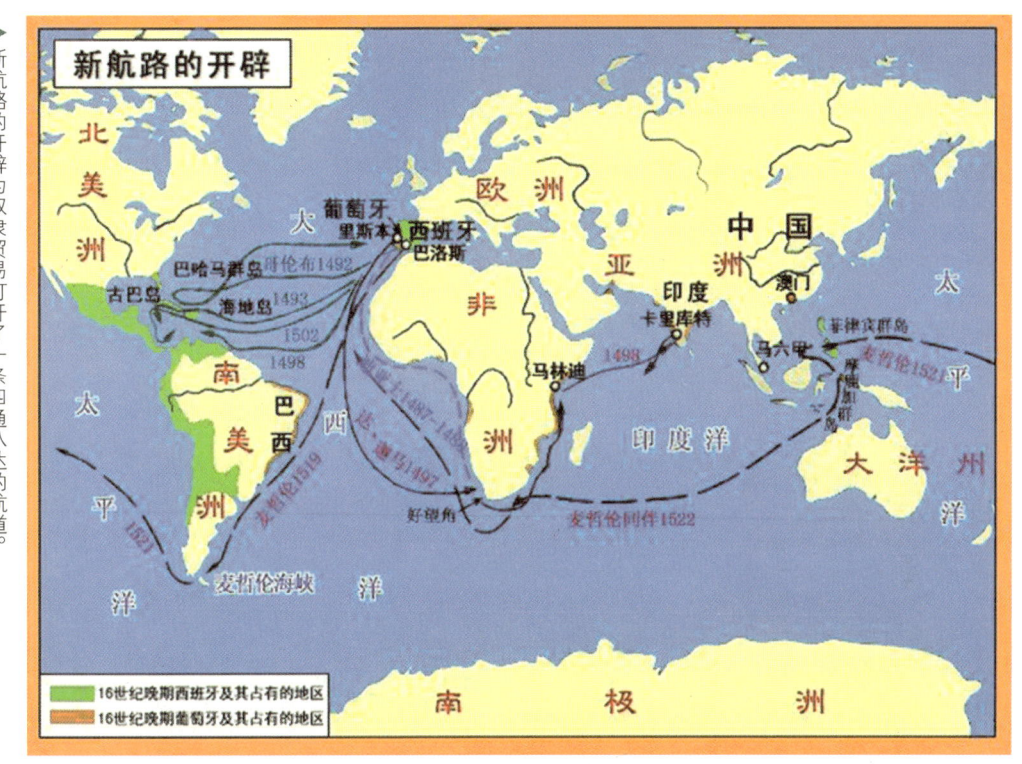

联合国教科文组织的文件以及公开的文献资料显示,15~19世纪的奴隶三角贸易是世界贸易史上最为残忍的一页,加勒比海和美国南方的奴隶贸易曾因以拍卖方式交易而引起广泛关注,拍卖商因参与贩奴贸易导致整个拍卖行业背负恶名。18世纪,由于东、西印度群岛贸易路线的开辟、殖民主义的发展以及加勒比海和美洲殖民地的开拓,使贸易发展的速度迅猛增长,构成了一种新财富的增长点。

第一节 拍卖商参与"奴隶三角贸易"

18世纪,在船主和商人所从事的贸易活动中,最大、最有利可图的贸易无疑是奴隶贸易。当时的历史背景是,正当伦敦的拍卖行业趋向于放弃油画拍卖、忙于确定新的拍卖增长点时,非洲大陆正在遭到掠夺,奴隶数量直线上升,大多数的奴隶在美国或加勒比海通过拍卖出售。《英国百科全书》1771年版关于"奴隶制"词中说:英国和法国对奴役人身的奴隶制度是完全废止的,可是在美国,奴隶却成为贸易中的重要商品。根据协定,英国

1892年的利物浦港。

南海公司拥有向西印度群岛、西班牙提供奴隶的独家经营权。

虽然英国和法国早已废止了奴隶制度，但在遣送非洲各国被掳黑人奴隶时，英、法两国的海员和商人却肩负着集散大多数奴隶的责任，这是一种低风险、又不参与奴隶直接交易、而只是承担集散任务的贸易。通过这种方式而创造财富的主要受益人，无疑对他们所作的选择和所付代价感到安慰，而且坚信这种参与贸易的方式极为有利，其结果也证实了这点。法国东印度公司特许证的前言载有如下内容：

"贸易能使你走上富裕的道路，这并不是供少数人享受，而是为多数人谋福。以市场开放的产品为基础的贸易向各年龄层次和各性别的人们提供使用，并以此促进生产。无论从常理考虑还是借鉴邻国的经验，外贸所得的利益远远超过所付出的辛苦和劳动，这一点是完全可以肯定的。"

当时，英法两国的奴隶运输船只主要集中在英国的利物浦港、布里斯托港和法国的波尔多港以及南特港，因此，法国和英国的贸易界人士认为，只要将这些港口运输奴隶的船只及进出这些港口的船只数量进行

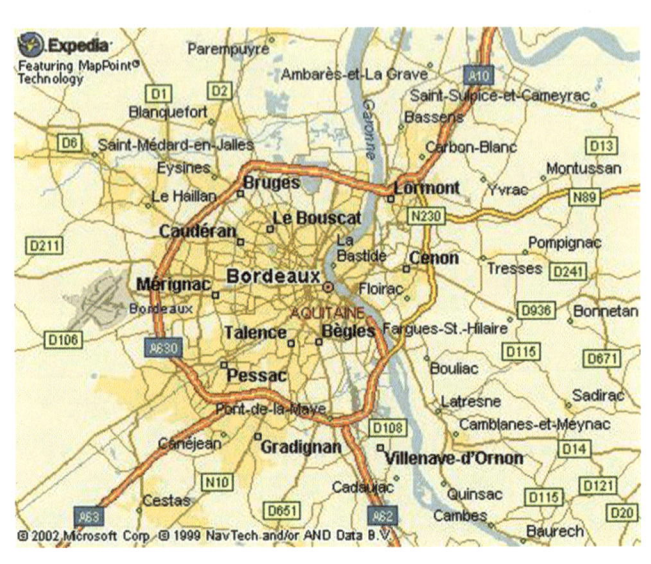

▲ 波尔多港口地理位置图。

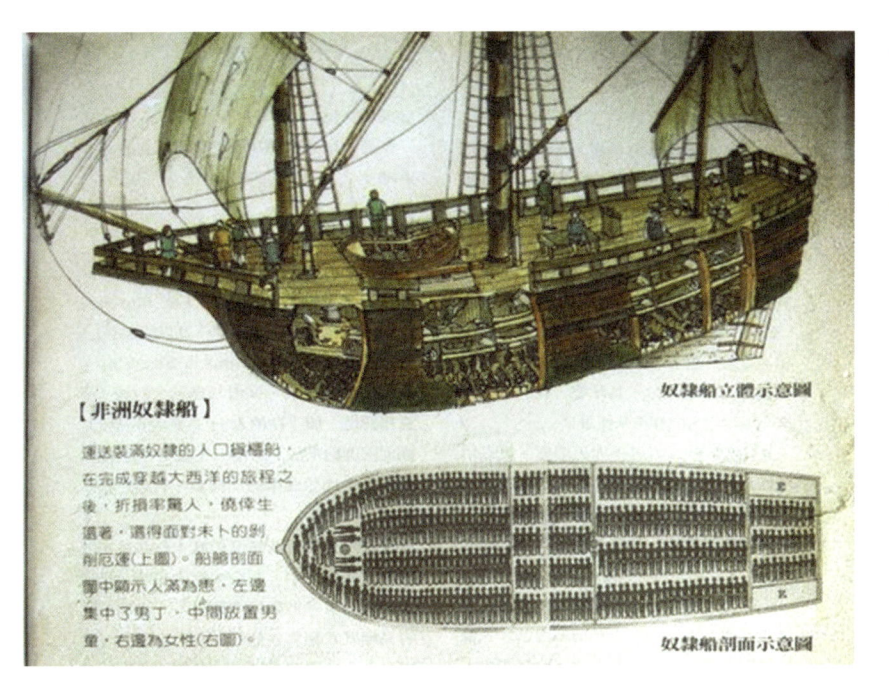

◀ 非洲奴隶运输船。

【非洲奴隶船】
运送装载奴隶的人口货柜船，在完成穿越大西洋的旅程之后，折损率惊人，侥幸生还者，还得面对未卜的剥削厄运（上图）。船舱剖面图中显示人满为患，左边集中了男丁，中间放置男童，右边为女性（右图）。

奴隶船立体示意图

奴隶船剖面示意图

调查，就可判断当时奴隶外贸所占的比重。

利物浦港的第一艘奴隶船于 1709 年开往非洲，初期贩奴船与港口船舶总吨数的比例是 1∶100。到 1771 年，这数字引人注目地上升到 1∶3，而 1783 年这个港口有 88 艘从事奴隶贸易的商船。在南特港，1715～1775 年间，商船从港口遣散来自非洲的奴隶超过 229 000 人，平均每年 3 700 人，而奴隶船占港口船舶总吨位的五分之一。18 世纪 80 年代，布里斯托港有从事奴隶贸易的商船 30 艘，从该港口向西印度群岛承运的贸易额，占该港运输总量的三分之二。

▶ 把奴隶装进奴隶船，人满为患，完成穿越大西洋的旅程之后，死亡率惊人。（绘画作品）

第四章 拍卖商卷入奴隶拍卖丑闻 | 55

大规模贩卖奴隶的事实形成了著名的"三角贸易"：英国生产的产品出口到非洲，用以交换奴隶；把奴隶从非洲运到加勒比海或美国，然后，再从那里装上由黑人劳工生产的糖、棉花或其他货物运回英国——所产生的巨大利润再投资进行扩大再生产。整个贸易过程使加勒比海地区贸易的空前高涨，从而使该地区成为世界闻名的最有价值的殖民地。

　　"三角贸易"使拍卖业成为工业飞速增长和商业快速集散的一种不可忽视的主要形式，因此，也给拍卖人创造了相同的三角利益。首先，大量的奴隶劳动力要限期遣送到加勒比海和美国，这就需要快速、高效地遣散，而拍卖正是适应这种特性，因而立即受到欢迎。其次，归航时带回的他国货物，多数是通过拍卖进行销售的。事实上，资料证明有关东印度公司采用拍卖方式销售进口货物是有法律规定的。"三角贸易"造成事实上的物资过剩，因此，拍卖人有条件去实现"三角贸易中第三条腿"的作用。庞大的财富造就了一类新的客户群体，拍卖商十分乐意为他们效劳，而且很快抓住了形成这种新市场的有利条件。

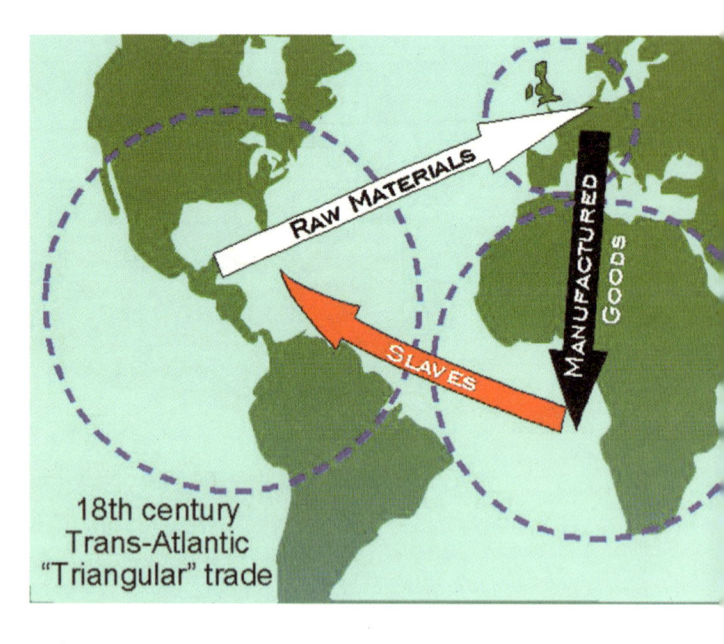

▲ 奴隶三角贸易示意图。红色箭头指非洲廉价购买来的黑奴高价卖到美洲的种植园，耕作经济作物；白色箭头指美洲廉价原材料，英国工业革命时期几乎所有的原材料都来自美洲，不过卖价昂贵；黑色箭头是指欧洲生产的产品再拿到非洲去换廉价的黑奴。

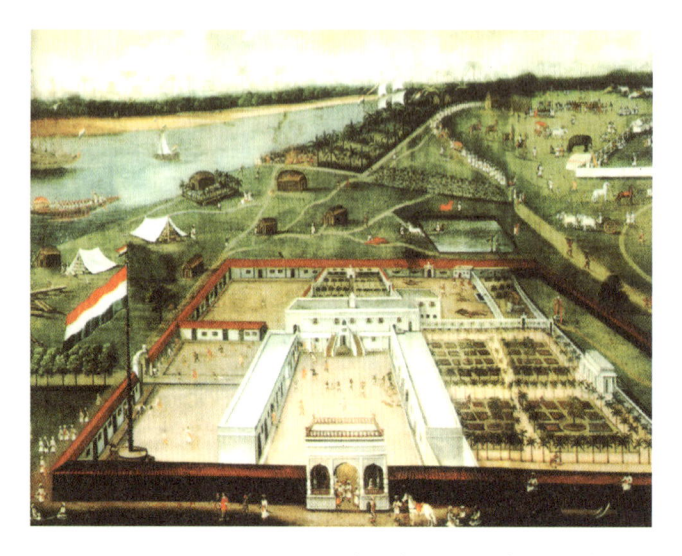

▲ 东印度公司是最大的"官商"，公司的制度一度成为全球的贸易规则。

第二节　来自维吉尼亚州的奴隶拍卖报告

奴隶贸易从整体上来说是蒸蒸日上的,贸易的激增源自加勒比海地区和美国南方这块特有的赢利性土地。加勒比海地区的土壤和气候不仅适宜于种植烟草、棉花和农作物,而且这类产品都是劳动密集型操作,在美国也是如此。农作物最适宜于南方的土壤和气候,烟草、稻米和晚期棉花除非进行大规模生产,否则就得不偿失。于是,当拥有廉价土地和确保市场需求的情况下,现实的问题就是需要大量的劳动力。美国和西印度群岛的答案是一样的,从非洲输入黑奴。美国北方有许多人参与了贩卖奴隶的贸易,不过大多数黑奴是卸在查尔斯顿港、萨温那港或临近农场的一些南方港口,这些农场就是黑奴们被送去劳动的场所。

▲ 美国南方采棉主要劳动力是黑奴。

在进口商和农场主之间通常有一个代理商,他负责销售和代收货款,他既可以公开地出售,也可以私下买卖奴隶。但交易时,所报价格竞相上升,因此,"拍卖人"这个词汇被潜移默化地加到了这类代理商的头上。拍卖人和代理商多数是南方上层社会的绅士,他们一面从事其他事业,一面出售奴隶,他们由于参与了奴隶贸易而变得非常富有。弗雷德里

▲ 18世纪繁华的港口城市——查尔斯顿。

第四章　拍卖商卷入奴隶拍卖丑闻　　57

克·本克罗夫特所著的《旧南方(指南北战争前的南方)的奴隶贸易》一书中对奴隶贸易的贸易量及获利情况有一个估算。据本克罗夫特的资料所称，1650年维吉尼亚州的黑人只有300人左右，可是到1721年，不仅维吉尼亚州的黑人劳动力占总人口的一半，而且马里兰州和南卡罗来纳州的黑人数几乎也与维吉尼亚州的黑人数相仿。

在18世纪末以前，买卖奴隶的详细资料难以收集，但1736年维吉尼亚州就有一份关于约克城(美国宾夕法尼亚州东南部)出售300名非洲奴隶的报道；同时还报道了托马斯·纳尔逊于1737年在同一城市出售490名奴隶的消息。托马斯·纳尔逊是小托马斯·纳尔逊（独立宣言签名人之一）的祖父。通过报纸所载广告和公告的内容进行分析，过去不易得到的奴隶拍卖资料已经变得比较容易到手了。1796年2月25日查尔斯顿《都市报》和《每日广告报》刊载有关奴隶买卖的广告达14则之多，公开拍卖或私下买卖奴隶的总数达288人。

1799年2月5日弗雷德里克斯堡《维吉尼亚使者报》刊登有这样一段文字：

拍卖时由威廉·布鲁斯集团买下的15名黑人中，一名青年黑人最近死亡。这类拍卖，虽与伦敦和巴黎的动产拍卖相距甚远，但与欧洲的强制性拍

▲ 奴隶拍卖会的广告。

▲ 这是描绘美国规模最大的奴隶拍卖会的绘画作品，被后人称之为"落泪时光"(The Weeping Time)。

58　世界拍卖史

卖已相差无几。这是为偿清债务而进行的一种民间性拍卖。当一个南方农场主虽已过世,但因破产而需将其财产来偿还所欠债务时,他的奴隶可能是最先拿去拍卖的财产。不仅是因为人们把奴隶看成是动产,可以像牲畜那样地予以出售,而且奴隶要比土地更容易出售,要比不动产更容易兑换成现金。

上述的《都市报》和《每日广告报》还刊登了一则邻县即将举行拍卖的消息:

属于大不列颠小詹姆斯·邓洛普的25个黑人,成年男女和男女孩童皆有,需拍卖。属于蒂姆勃莱克集团的18个同种黑人、两个优秀的锯木工和一个约12岁的女孩(随带两匹驮马),全都要处理给出价最高的竞买人,以偿付他们已故主人鲁本·桑顿的债务。

仍然是在这份1799年12月23日出版的报纸上刊登的一则广告:为了换取现金,欲在当地的酒店前出售12或15个成年男女及男女孩童。

另外一则广告则称:1800年1月13日由威廉·福特莱罗依的受托人在威斯摩兰法院举行拍卖会(天雨顺延),内容如下:为了支付债务,向出价最高的竞买人出售维吉尼亚出生的奴隶约40名,其中成年男人、男孩、妇女和女童均有。

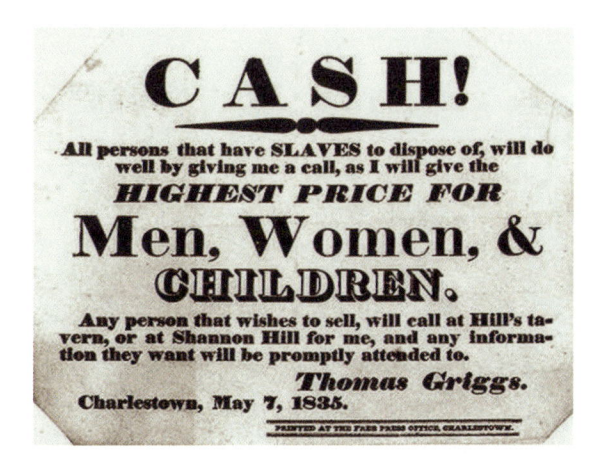

▲ 黑奴拍卖公告,男人、女人、儿童均有。

▲ 这幅风俗漫画是19世纪的美国画家刘易斯·米勒所作。描绘的是美国南方拍卖黑奴情形。拍卖人站在木箱上,在向三个南方绅士打扮的男人介绍一个双手被缚的黑奴。在画面另一侧有个抱孩子的女奴,大概这是一笔一家三口一块拍卖的买卖,尚在襁褓中的幼儿已是他未来主人的财产了。

美国第三位总统、《独立宣言》起草人托马斯·杰斐逊有一位政治助手名叫约翰·弗·莫塞,也是杰斐逊的私交,曾是维吉尼亚州和马里兰州的前任高级官员,他的拍卖公告则强调黑人的家庭状况。他在1799年12月10日为出售几个奴隶家庭(这些家庭以前曾拍卖成交过,后又退回重新拍卖)而刊登了一则广告。他认为,以家庭为单元的奴隶拍卖似乎是一种人道主义的尝试,该公告称:12月10日前,这些家庭曾通过私下协商而出售,现在他们将撤销以前的单人售卖合约。换言之,这批人只"以家庭为单元进行公开拍卖,向竞买人提供奴隶家庭"。我们无法知道这些家庭最终是被整体雇用,还是像其他家庭那样被活活拆散,因为这则广告一直到12月6日仍未作更改,显然是无人问津。

第四章 拍卖商卷入奴隶拍卖丑闻 | 59

第三节 拍卖商"职业化"经营奴隶贸易

18世纪的最后十年,是奴隶贸易既昌盛又赚钱的时期。在这短暂的十年内,仅以田纳西州和肯塔基州的奴隶成交统计数字为例,田纳西州黑人人口由3 000人增加到13 500人以上,而肯塔基州的黑人人口从12 000人上升到40 000人以上。到了19世纪,田纳西州的黑人人口继续大幅度增长,1810年黑人的人数又增加了一倍多,达到了30 000人。有些州,尤其是维吉尼亚州,出于贩卖的目的着力从事奴隶的繁殖,到19世纪30年代,这些本地生养的黑人与从非洲来美的黑人,构成了一个活跃的州际黑人贸易,拍卖商大量地参与了这种贸易。随着季节性劳动力的需求,以及农场主经营状况的变化,使贩卖奴隶具有充裕的交易源。随着交易量的增长,售卖奴隶的商人也成比例地增加,使拍卖人和代理商涉足这一奴隶买卖事业。

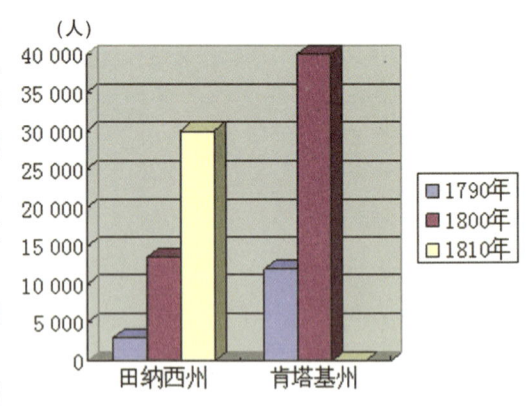

▲ 田纳西州和肯塔基州的奴隶成交比例图。

当时的报纸曾反映了奴隶交易的规模,并刊载了许多有关买卖奴隶的广告。有人刊登了这样一则拍卖预告称:为了兑取现金,欲在奥黎恩杰旅社前拍卖出售青年黑人15或16人(雨天照常举行)。这则广告还告示说:若绅士们需要忠心耿耿的优秀家仆,这是千载难逢的良机。

▲ 维吉尼亚州里士满典型的奴隶拍卖现场。

拍卖商之间的竞争变得激烈起来,广告上经常可以看到求购黑人的广告。拍卖人理查得·赖特和爱德华·达耳是哥伦比亚拍卖界的首要人物,在报刊上刊登了如下广告:"本市一位绅士因急于自用,欲购(非空谈)一名厨师,男女均可;一名四轮马车驾驭者,年龄不大于25岁;一名女裁缝和2~3名善于料理家务的男孩和女孩,若有意,价格优厚。"

求大于供，这在拍卖界中不足为奇，在商界也是如此。不过就奴隶而言，拍卖商认为这是特殊行业的特有问题。就奴隶市场而言，奴隶的品种和数量必须有足够的存储额，以满足买方的需求，而持有这类库存品的难点是，出售前必须妥善收容并提供膳食。

拍卖黑奴方面，有两种类型的拍卖商，他们有各自处理的方法。一类是固定商，他们常在交易市场和各大城市的市中心或邻近市郊的主干道附近，设立独自经营的拍卖场。拍卖场主要由营业部和监狱组成，监狱就是看管待售黑人的安全区。精明的拍卖商为了引诱客户到营业部进行交易，常以微小的费用为私人监狱如何善待黑人大做广告。维吉尼亚州首府里奇蒙市每周三次的《标准时报》称：赫克托·戴维斯是一位立志在市场最高价出售黑人的拍卖人和代理商。他也做过广告，声称他有一个安全、宽敞的监狱，每天以30美分为狱中待售的奴隶提供膳食，企图以此微小的代价达到获得商机的目的。

▲ 弗吉尼亚一个奴隶监狱内部。

另一类奴隶商是流动商人，他们到处游动，从一个州走向另一个州，甚至可以从北方流动到南方，一路上不断收购奴隶，直至达到一定的数量后，在可能处理其收集品的地方组织出售。行进途中，奴隶们被捆绑或用手铐串成一列，这些由奴隶组成的链条，或被称作连锁的奴隶列队，蜿蜒行进。弗雷德里克·本克罗夫特生动地描述了一个连锁奴隶列队：

"一些车辆载着怀抱小孩的妇女，其后是成对地被手铐锁住、连接像一根链条的男人们，接着是男孩和女孩们，走成两列纵队，而商人的助手骑着马走在后面。这好像一个屠夫驱赶着蹒跚的牲畜，他们跟跟跄跄进入华盛顿的街道，并从国会大厦旁经过。走了许多天以后，这连锁的奴隶列队又脏、又衣衫褴褛地和他们的同行者一起到达目的地。然而，在出售之前，像拍卖其他贵重物品一样，必须让这些"商品"恢复其本来面目。他们让奴隶好好清洗一番，美餐一顿，穿着漂亮、干净的衣服会引起竞买者的注意，并会大大提高价格。"

维吉尼亚州里奇蒙市有一位犹太服装商，名叫赖维，他就是为待售黑人提供服装的

第四章　拍卖商卷入奴隶拍卖丑闻 | 61

◀ 被捆绑成一串的奴隶。（早期绘画作品）

专业户。1852年，艾尔·克罗曾陪同威廉·梅克皮斯·撒克里参加巡回讲演。在叙述待售奴隶时，他说：紧紧地挤在一起的年轻黑人女孩，她们穿着整洁的灰衣服，白色的围裙，戴着白色的项圈，系着鲜红的蝴蝶结。黑人基本上只能等待各拍卖人将其出售，其中一类拍卖人有固定拍卖场，为了招徕顾客，因此，配置的条件比较好。奴隶在出售前，可在拍卖场附近的监狱里供人参观2～3天。陈列期间，黑人们将受到苛刻的检查，目的是查验身体是否有缺陷，同时，还会被详细询问是否具有特殊的工作技能。

奴隶拍卖中罕见的拍卖条件之一是拍卖人必须对奴隶的健康和健全的肢体作出担保。若拍卖人隐瞒待售奴隶的肢体缺陷，就会引起虚假拍卖的纠纷，拍卖人就有可能被起诉，控告他已构成违约或潜在的违约责任。"货物出门，概不退换"，这是一条推而广之的箴言，而仔细检查

◀ 奴隶拍卖带来暴利，拍卖商之间的竞争不可避免，有些人甚至在报刊上登广告，贴上大头像，招揽生意。（早期绘画作品）

◀ 仔细检查黑奴。（早期绘画作品）

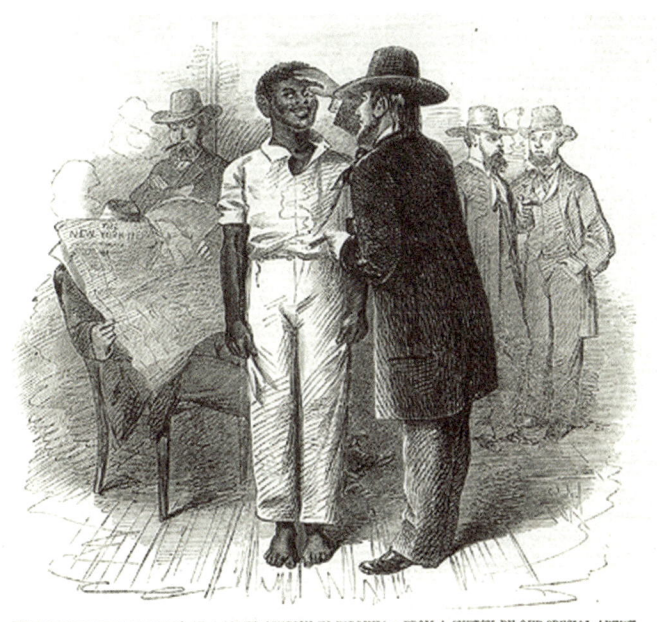

DEALERS INSPECTING A NEGRO AT A SLAVE AUCTION IN VIRGINIA.—FROM A SKETCH BY OUR SPECIAL ARTIST.

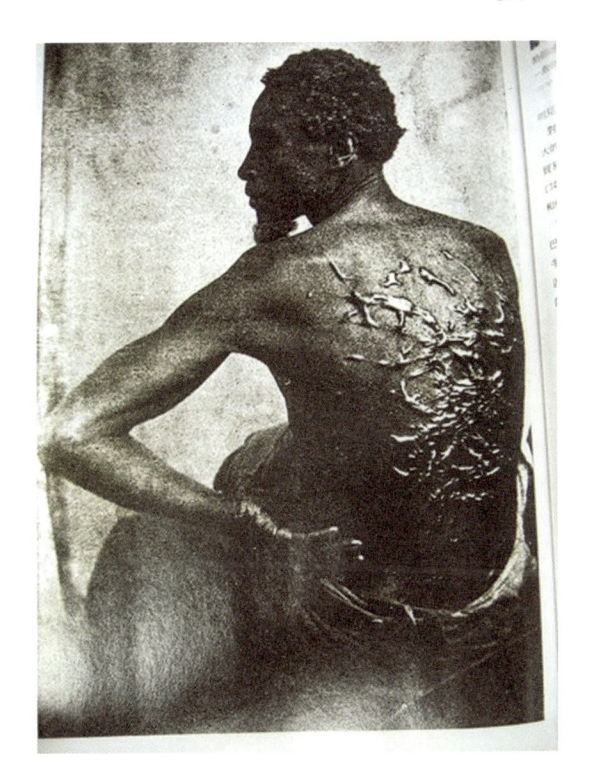

▲ 黑奴身上的疤痕。1863年，一名从美国路易斯安那州逃出来的黑奴，身上的鞭痕显示饱受主人残酷的虐待。

货物又是奴隶贸易中必不可少的一个程序，黑人几乎是经常被剥光衣服，对其以前受虐待而留下的伤痕进行刺戳和检查。作家威廉·钱伯斯在他所著的《奴隶们在美国》一书中记载了他亲眼目睹的一件事：

"当一个可怜的家伙脱光自己的衣服、全身赤裸地站在地上时，立即有12位绅士拥到他身旁，开始对他的人身进行苛刻地、仔细地检查。他们对这毫无遮拦的黑皮肤，从前身到后身，查遍了全身所有的伤痕，没有一个身体部位可以幸免。"

第四章　拍卖商卷入奴隶拍卖丑闻　|　63

第四节　奴隶拍卖的中心"古代交易所"

◀ 拍卖场内部。（早期绘画作品）

　　一些非专业拍卖商也跻身拍卖奴隶的行列，他们没有自己的拍卖场，需要租借商店或仓库进行拍卖。当时的相关资料显示，这些租借的场地通常是既没有遮蔽，又非常肮脏，排列着大约可供50人坐的粗制滥造的长凳或椅子，一端有一个平台和一幅帐幔。拍卖会一般在上午9：30或10：00开拍。如果在同一地区同时有几场拍卖，出于礼貌，必须按规定有条理地依次拍卖，这是惯例。拍卖时，台上的拍卖人几乎总是用一种快速的行话，像拍卖牲口一样，略带夸张地介绍待售奴隶的质量。为了卖一个好价钱，拍卖人在介绍售卖对象时有所侧重，当介绍劳工时，则强调年轻和强壮；介绍仆人时，则强调可靠性；

▲ 黑奴像牲口一样等待拍卖。拍卖的程序依次是壮年的男性、女人以及小孩，得标者以铁链将购得的黑奴牵回家。（早期绘画作品）

▶ 这则1840年的拍卖公告里强调奴隶的质量。

▶ 新奥尔良的奴隶拍卖会。（早期绘画作品）

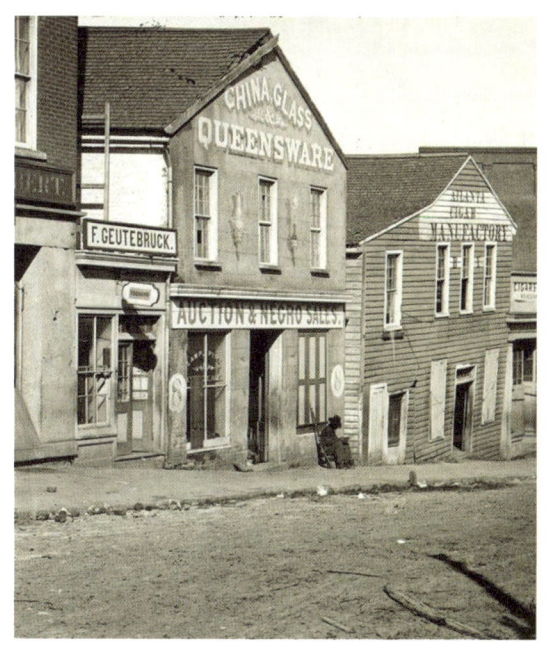

▲ 曾经是怀特霍尔（Whitewall）街上的奴隶拍卖屋。

对青年妇女就着重强调健康的肌体和生育能力。当售卖漂亮的女孩时，拍卖人经常大度地允许延期付款或暗示有让步的可能。这种做法在其他场合都会被视作非正常竞争。在新奥尔良（美国路易斯安那州东南部的一个港口）观察奴隶拍卖的托马斯·哈密尔顿写道：当拍卖妇女时，拍卖人通常用调侃的言词戏谑女奴，把顾客逗乐。

若某天交易不够活跃，价格普遍低于期望值时，拍卖人就会撤销拍品，或自行收购。这被视为一种正常的拍卖策略，这个做法至今在美国一些地区仍然有效，据称这是为了维护拍卖行的信誉和保护正常价格的一种策略。某天一个妇女带着三个不满3岁的幼童被拍卖，当拍卖人提醒人们注意，这个"总价为850美元带着三个儿童的妇女，仍然年轻美貌"时，人们要

第四章 拍卖商卷入奴隶拍卖丑闻 | 65

求这个女奴展示"漂亮、健康的幼童",此后,报价并不热烈,因此,这批货就退出了拍卖。若同一天有多场拍卖,第一场拍卖一结束,如果轮着旁边的场次进行拍卖,毗邻就会大声吆喝道:"这边来,绅士们",所有的来客就会随着他的叫声向毗邻的拍卖场转移。那里的另一个拍品正在等待成交,这模式一直继续到这天的交易全部结束为止。

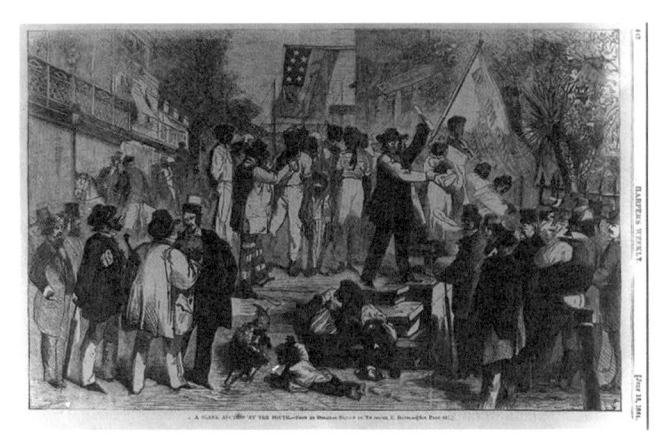

▲ 拥挤的拍卖现场。(早期绘画作品)

查尔斯顿的"古代交易所"(旧称海关),是闻名南方的最有历史意义的建筑物之一,它无疑是奴隶制时期的一个划时代建筑物。从殖民地全盛时代到19世纪中叶,就在这座建筑物户外广场上,每年有成百上千名奴隶被卖给出价最高的竞买人。1852年1月7日,法国的一位名叫J.J.安培的学术交流会会员目睹了一场公开拍卖黑人的实况,而在附近拍卖会场上则同时在拍卖一匹马和一头驴。在他所著的《美国游记》(Promenade en Amerique)一书中,有一篇标题为"骇人听闻的一幕",描述了他所见所闻,他难以相信拍卖人在文明社会里会有如此的举动。

奴隶贸易是许多上层社会家族参与的事业,且有厚利可图。英国牧师卡彭特在其著作《关于美洲奴隶制的观察报告》中也毫不例外地提到了当时很有地位的拍卖商托马斯·盖兹登。1850年4月9日,卡彭特在查尔斯顿看了一次拍卖,他说:"我被领去参加一个拍卖会,不管盖兹登和其他人在当地有多大的影响,但还是有人反对在'古代交易所'外面进行拍卖。反对的理由很简单,参加拍卖的大量人群经常涌入毗邻的街道而堵塞交通。"

随着废除黑奴制度运动的发展,奴隶贩子和拍卖商意识到这样的场景必定不受北方或国外旅行者的欢迎,最后,经城市军工部门批准,从1856年7月1日起禁止在"古代交易所"附近拍卖黑人、马匹和车辆等。

▲ 黑奴奋起反抗。(早期绘画作品)

66　世界拍卖史

第五节　最高纪录的奴隶拍卖会

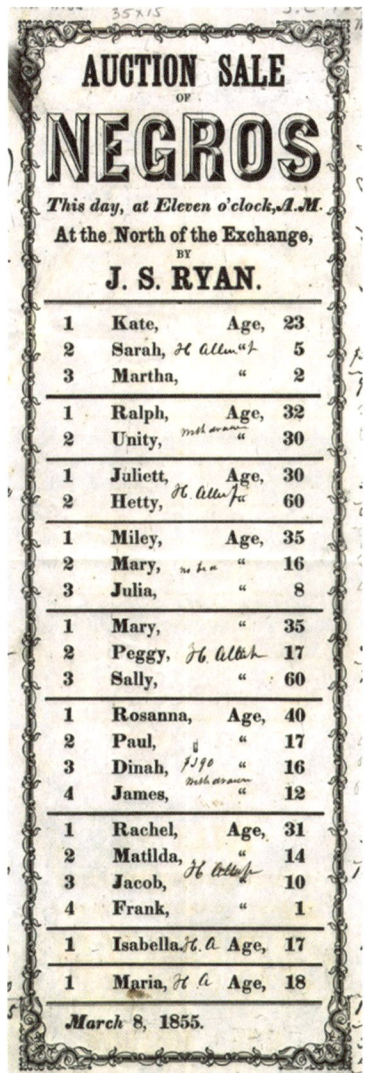

▲ 内战时期的查尔斯顿。

▲ 黑人拍卖公告。

1860年1月9日，南方一场最大和最著名的奴隶拍卖活动发生在查尔斯顿。这次拍卖在赖安士拍卖场举行，它取代了以前"古代交易所"的拍卖地位。这次拍卖的起因是，詹姆斯·盖兹登将军（一位军人兼农场主）死亡后，因涉及其所欠的债务，所以提供大约235名奴隶进行拍卖，这些都是精心挑选的奴隶。拍卖定于1月9日一天，时间不够第二天继续。

在拍卖前，黑人们在拍卖场被展示了约一个星期，每个人都挂上了一个号码，这个号码与编制目录相一致，编制目录详细介绍了每个黑人的年龄、职业和一些有关情况。据1月10日《信使报》报道，第一天有174名黑奴成交，平均每个黑人的成交额为700美元左右。1月10日继续拍卖，直至卖完。盖兹登的奴隶总成交额达176 000美元，每个黑奴的平均价为750美元。1月10日，还有另外两批奴隶在这里同场拍卖。报道指出，拍卖人事后认定，仅两天的交易，就共成交329人，收入近25万美元。

在1859~1860年这一段不长的时间里，似乎是奴隶拍卖的全盛时期。南方主要城市的著名拍卖人都在积

▲ 这是一幅描绘查尔斯顿赖安士拍卖场举行奴隶拍卖会的早期绘画。

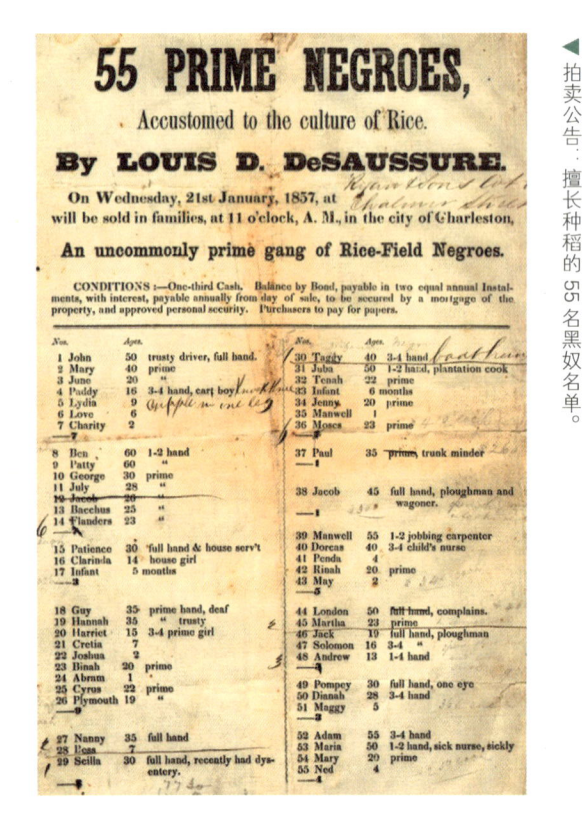

◀ 拍卖公告：擅长种稻的55名黑奴名单。

极增加在编黑奴的数量，目的是竞相创造更大、更壮观的奴隶拍卖活动。那时，拍卖活动的新闻报道与拍卖人提供有关的拍卖活动的宣传材料非常相似。大量有关大型拍卖活动的广告引诱着众多编辑，激发他们对拍卖活动泛加评论，这种日积月累的评论，无疑又为拍卖人做了许多免费的宣传广告。拍卖活动所作的大规模新闻宣传报道，对已经步入兴旺发达的拍卖人来说，又是一种能进一步提高他们声誉的新闻炒作活动。

奴隶拍卖的最高纪录非佐治亚州萨温那拍卖会莫属。那场拍卖会由该州最著名的拍卖师约瑟夫·布赖恩主槌。与前文所述查尔斯顿的拍卖会相比，这次拍卖的规模更大、拍品更多，且举办拍卖的时间更早，早在1859年3月2日和3日就已举行。从里奇蒙到新奥尔良至少有10份南方报纸刊登了这次拍卖的广告。查尔斯顿《信使报》预告如下：

出售种植长绒棉和稻米的黑人，460名，习惯于耕作水稻和粮食；其中有许多优秀技工和家仆，将于3月2日和3日在萨温那由约瑟夫·布赖恩主槌。售卖条件——支付成交额三分之一的现金，余款以付款保证书形式分期付款，两期付讫，从成交之日起承担利息，可以用黑奴作抵押担保，也允许私人担保。……黑奴将以家庭为单元出售，出售前三天在萨温那约瑟夫·布赖恩宅院进行展示，届时将提供明细表。

有人认为布赖恩的宅院不适宜

68　世界拍卖史

▲ 黑奴一家。

用作如此重大的拍卖活动。结果,拍卖会场改移到市郊三里的跑马场。2月28日《萨温那共和报》的短评说:黑人大拍卖——各种年龄的男女黑人400多人,聚集在本市约瑟夫·布赖恩管理的跑马场内。拍卖活动将于下星期三举行,拍卖会可能要持续好几天。这次可能是州内提供黑人人数最多的场次之一,所以对购买者具有极大的吸引力。

被售黑人由铁路运到萨温那,再用马车运到跑马场,他们被安置在集会期临时搭建的棚屋里。他们坐在或躺在地板上。2月28日的《共和报》进一步证实,拍卖前几天将向竞买人提供展示:出售440名黑人——期望察看这些黑人者,可往跑马场查看。每天上午10点到下午2点展示待售黑人,直至拍卖之日止。

参加拍卖活动的竞买人蜂拥而至,其真正目的是想审视待售商品,并通过拍卖人提供的一份16页一览表,帮助竞买人做出抉择。一览表只提供了最扼要的叙述,例如:序列号99——凯茨·约翰,年龄30,种稻工,青年男子;118——庞培,31岁,种稻工,一只脚跛;345——多卡斯,17岁,种棉工,青年妇女;346——乔(多卡斯的婴儿,她家庭的唯一成员),13个月。

拍卖当天开始下雨并起风,但《共和报》报道"来自本州各区及邻近各州的参拍者众多"。10点前,奴隶们被集合在一个约100英尺×20英尺的跑马场大看台上。拍卖在紧邻的房间里举行,此房间有一扇边门通向奴隶的围栏,当大量的外地买主云集到拍卖人和管理员接待台周围时,狂风大作,大雨倾盆而下。

布赖恩像大多数有名望的南方拍卖人一样,实际上他并不亲自出场出售黑人。因此,这项艰巨的任务就落到了全佐治亚州最"优秀"的奴隶拍卖师沃尔什(T.J.Walsh)身上。据说在他年轻时就已成交了几万名黑人,以家庭为单元而成交的批次也不计其数。以家庭为单元的报价方法是:以一口人为基准,成交时按实计算。例如:五口之家,心理总价位为5 000美元,因此,可以试探性地报一个初始价500美元,若最终成交价是900美元,则这批货的实际成交价是900美元乘以5,即4 500美元。

这次拍卖持续了两天,这场拍卖会的实况及成交量,最终被编写成引人入胜的读物。在公开报道中,尽管略作修改,但有关这次拍卖活动中大量趣事和逸事,这些主要情节上的报道基本是真实的,且具有特殊的意义。统计报表显示:被卖的那些黑人中不满10岁的126人,大于10岁小于30岁的182人,超过30岁不足50岁的88人,超过50岁的40人。两天多时间共卖出436人,人均成交价接近716美元。男人最高价格1 750美元,妇女最高价格1 250美元,111号的安森和112号的怀奥莱特因年老有病各卖了250美元。总成交额在300 000美元以上。显而易见,这场拍卖会的结局是,布赖恩和他的朋友们,以及参与者都是得益者。

正当布赖恩等人在萨温那欢庆胜利时,《纽约论坛报》的一名特派记者莫蒂默·汤姆森带着反对黑奴制度的重要材料,行驶在返回纽约的途中。汤姆森化名参加了这次拍卖会,且参加了报价,以转移视线,利于隐匿身份。他写成长篇报道,叙述那次拍卖会的情况,该文发表在1859年3月9日的《论坛报》上,并被美国反奴隶制协会(American Anti-slavery Society)翻印成28页的小册子。本文有关这次拍卖会的许多详情,均源自这篇报道。

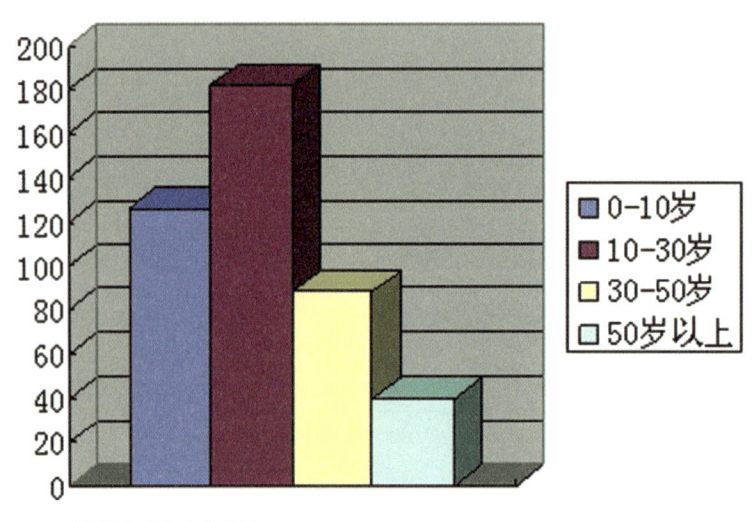

▲萨温那奴隶拍卖会统计

第五章

19 世纪贸易市场争夺战

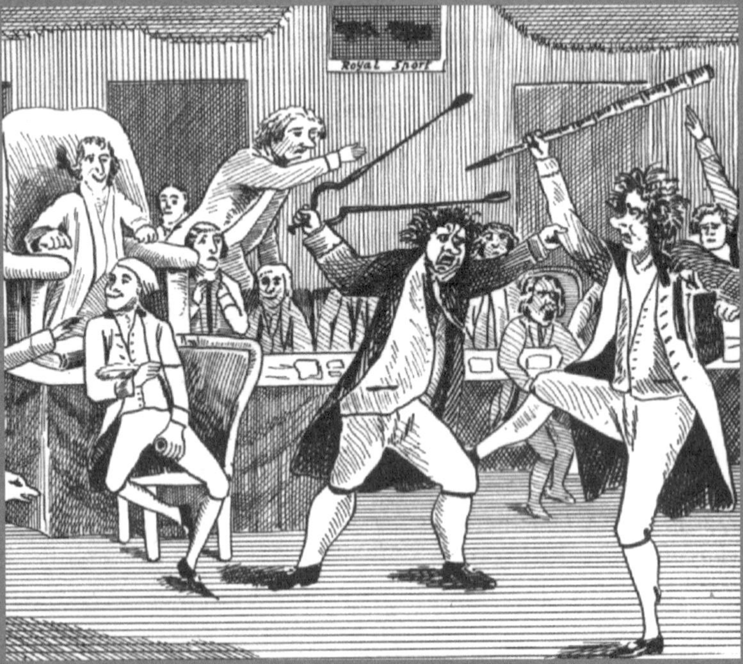
Royal Sport

奴隶贸易在历史上虽是肮脏的一页，但又是重要的一页。拍卖商由于拍卖奴隶而背负了不良名声，而且与批发商在市场竞争中又屡屡得手，招徕了批发商的嫉恨和抨击。至此，拍卖商与批发商发生了一场舆论大战，一场关系到拍卖行业生死存亡的大战。

▶一场大规模的贸易战拉开序幕，海洋成为主战场。（早期绘画作品）

第一节　利益争端：贸易大战风云突起

19世纪初，英国和法国的海上力量占统治地位。从贸易主力方面分析，英国经过工业革命，生产成本大幅度下降，商品尤其是生活日用品能大量供应市场，参与市场竞争方面，英国商人在世界贸易中占有优势地位。

1812年战争开始，美国政府曾实行贸易限制措施，有效地切断了外国货物的供应，但同时也将国内十分急需的物品，尤其是产地在英国、且具有大批量供应能力的消费品拒之门外，就此，一场大规模的贸易战争在人们的意料中悄悄地发生了。英国商人在靠近美国的哈利法克斯和百慕大群岛的英国属地上建立了很多仓储基地，大量囤积商品，他们等待着事态的缓和，以便发起商业攻势。在等待的过程中，他们发现，商品的市场供求是确定价格的重要指数，用拍卖的方式来销售大宗货物，尽管利润时薄时厚，有时甚至仅仅是保本，但能够保证商品流通的顺畅，还吸引了中间商和购买者，使销售者和购买者双方满意，并逐渐形成了公开买卖的习惯。英国商人的这种做法被《纽约贸易和商业评论》的一篇报道证实，文章称，英国批发商和制造商通过拍卖销售的货物，有时比平时价格高出三倍，且不需承担较大的费用。

这篇报道拉开了贸易战的幕布。虽然美国商人抱怨的是英国货大规模倾销到美国市场，而事实上是反对拍卖商引进这种竞争机制，侵占他们的市场。反对拍卖的人们声称，

第五章　19世纪贸易市场争夺战

◀ 1812年战争指的是美国与英国之间发生于1812～1815年的战争，是美国独立后第一次对外战争。美国声称大英帝国侵犯其主权，英法之间的拿破仑战争导致的贸易禁运，使上百艘美国商船被皇家海军扣押，美国的中立国地位未被尊重；皇家海军拦截美国商船追捕逃兵，强征美国海员入伍。战争的结果是：美国海军俘虏了大量英国商船，使当时的海运保险居高不下。但是皇家海军凭借总体优势，成功地封锁了美国的海上贸易通道。图为1812年战争初期军事指挥官、英国陆军将领艾萨克·布洛克爵士（Sir Isaac Brock，1769～1812年）

在沿海城市的拍卖现场上买到的货物，是通过商人运输到内地，并且每天在当地零售商的房间里进行拍卖。这就充分证明，这种运作实际是扰乱和破坏当地的零售交易，干扰了正常的工商业操作规则和商业信誉，拍卖行为导致大范围的价格波动，助长了投机取巧的不良现象。

经拍卖出售的货物，其质量也是众多非议的主题，报章也有传言称拍卖商正在把劣质货物投放市场。（其实这是一种偏见。由于工业革命，大量的廉价物品被生产出来，并提供给市场。货物供应量大增，原有的销售渠道，例如，由美国建立的贸易渠道，已难以应付新的销售任务，因此，需要有一种新的市场结构。创新的本身就是对旧习惯的挑战，而拍卖这种形式正是对刻板交易方式的有力破坏。）反对拍卖制度的人大声疾呼，拍卖商罪大恶极，他们专门拍卖劣质商品。

在美国，反对拍卖运动的第一回合一直延续到1824年，方法之一是联合抵制，不参加拍卖。遗憾的是，这种联合抵制没有收到预想的效果。纽约联合干货协会证实，他们曾经讨论一致同意并做出一项决议来联合抵制拍卖活动。结果发现，成员中很少有人遵守这个决议，因为单凭一个决议，不可能要求所有成员放弃自己的利益而去参加联合抵制的活动。为了挽回面子，干货协会很快撤销了这个决议。

类似的联合抵制活动也以失败而告终。很多致力于立法的人呼吁，要采用立法的手段来制止拍卖。1828年发生了一场来自各个城市的抗议活动，他们将一份名为"拍卖商严重违法"的强烈抗议书递交给议会，声势之大前所未有。这是一场有组织、有预谋的活动，在众多组织者的指挥下，反对拍卖的商人从不同的地区赶来。

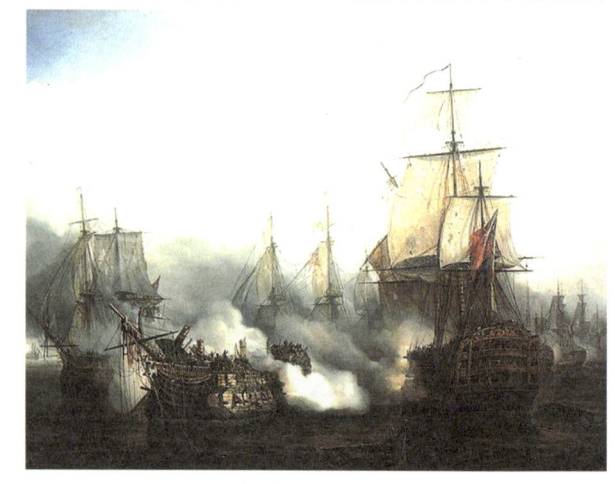

▲ 战争初期，英国海上力量占有绝对的优势。

第二节　贸易商为拍卖商罗列罪名

在反对拍卖商的众多组织指挥者中,有一位重要人物名字叫希西加·奈尔斯,他买下了一家贸易杂志——《注册周报》,后更名为《奈尔斯注册周报》。当时,这份期刊成为反拍卖运动的主要喉舌,这份期刊是他坚定地攻击拍卖商、支持国内工商业的一个阵地。他的态度可以从1828年4月12日出版的评论文章中看出,当时他对拍卖的描述是:"英国的经营机器一下子破坏了美国批发商和制造商在交易中的所有规律。英国账册上至少有五分之四的积压物资是通过拍卖强加于消费者的。"

同年5月2日,纽约举行了一次反拍卖会议,并指定了几个委员负责帮助推动这个反拍卖运动。那个会议上组成了好几个委员会,其中"通信联络委员会"的主要任务是组织社会力量向议会请愿。会议上指定另一个委员会负责制定声讨拍卖的论据,连同这一年出版的一本冗长的小册子,题名为"论现在的拍卖制度应予废除的原因"。在这本小册子里,描述了拍卖制度的十大如下罪行:

▲ 在英美贸易战的指挥者中,有一位重要人物名字叫希西加·奈尔斯,(Hezekiah Niles,1777年10月10日~1839年4月2日),曾在美国新闻周刊担任编辑。

1.拍卖是一种垄断行为,像所有垄断现象一样不具有公平性,拍卖商付出的很少,而得到的却很多。一家拍卖行的业务量相当于通常50家私有企业的工作量,但它只要负担两个合作伙伴的家庭和2~3个店员。

2.由拍卖商代办委托业务,这是违反宪法的,做销售是批发商的业务。拍卖商不可能去做专职的推销员,应将其逐出销售队伍。

3.拍卖是将国家经营的业务,全部集中在少数几个大城市中,以排斥其他批发市场,在这些大城市中,其商业利益全部归拍卖商所有。

4.拍卖商对国内的制造商具有极大的威胁,他们的拍卖活动是在极具危险的错误条件下进行的,他们所定的价格很低,而又归咎于国外的竞争。

5.拍卖是通过加价的方式进行竞争,这就伤害了消费者的利益。如果在拍卖会场上的货物比私人市场卖得还要便宜,那是不可能的。他们平均每年在私人商店购买货物的价格

▶希西加·奈尔斯买下了一家贸易杂志——《注册周报》,并更名为《奈尔斯注册周报》这份期刊作为他坚定地攻击拍卖商、支持国内工商业的一个舆论阵地。

要比拍卖场上的便宜。为了拍卖,他们将国外和国内制造商摒弃的货物,例长、宽、质量、色泽和形状等方面存在缺陷的货物,予以出售;具有良好信誉的商号是不愿将那些货物投放市场的。久而久之,我们的国家会变成英国、法国、德国以及世界其他地方的旧货市场,专售废旧库存物资和废弃棉纺织品。

6.有三四个州在征纳拍卖销售税时,曾违反国家规定。

7.将走私物品拍卖给销售商,这是一个非常危险的信号。

8.由于创造了一种非人道的竞争条件,因此,人为地将拍卖的数量与市场的需求相分离,导致了供大于求的现象,换句话说,拍卖的数量要比销售的数量多得多。

9.根据其他国家的经验,已经发现拍卖有害于国内贸易。拍卖破坏了无偿付能力债务人的基金使用计划,导致了一种不公正的和非法套用基金的现象出现。

10.拍卖是产生投机的温床,人们因在拍卖中受骗,会因此而破产。拍卖目录上可以虚张声势,因此出现不尊重事实、助长做虚假广告的现象。

▲尽管有贸易摩擦,19世纪的纽约港还是英美贸易最繁忙的港口之一。

与此同时,还出版了另一本小册子,标题是《纽约的现状——评拍卖制度》。作者列举了拍卖不法行为的例子:"在那些所谓零售或整批拍卖活动中,一分钟或甚至更少的时间内,就可以成交一笔业务,这种效果通常需要由200名顾客同时在一家大商场购物时才能产生的。

第三节　拍卖商针对指责做出答辩

美国国内的拍卖商及其支持者针对报刊以及社会上各种传闻进行反驳和澄清，这些文章最初刊登在1828年的美国国内的《波士登每日广告报》上，内容如下：

1、关于拍卖交易造成极富和极贫的社会现象问题

我们并没有发现拍卖会产生贫富分化这种现象，这并不是拍卖所造成的必然结果。这里，我们恰好有一些拍卖行的经营资料可以证明，在纽约和费城，拍卖商经历了二十年的风风雨雨，并不是一帆风顺、年年都能得到好运的。

2、关于批发商认为拍卖是一种违反宪法的行为

如果在这个观点上他们能站得住脚，那么反拍卖者应将这种违反国家宪法的事例公布于众，这样他们的观点则更有说服力，不会再造成众说纷纭的麻烦了。

▶ 在这场英美贸易市场争夺战中，报纸的宣传作用极为重要，在大多数美国商人都在抨击拍卖商时，《波士顿每日广告报》挺身而出，顶着压力，刊登重要的反驳文章，这是极其难能可贵的。该报成立于1813年，1814年记者内森（Nathan Hale）买下该报，1832年《波士顿每日广告报》接管《波士顿爱国者》；1840年接管了《波士顿宪报》。1885年，艾里胡·海斯（Elihu B. Hayes）接手管理报纸，海斯之后，威廉·爱默生·巴雷特掌控了报纸，直到他1906年去世。1917年，著名传媒大亨赫斯特买下了《波士顿每日广告报》，1921年将其改为带插图的小报，1929年报社关门，赫斯特继续用《波士顿每日广告报》的名称，将其改为周日报直到1970年。图为《波士顿每日广告报》大厦。

3、关于拍卖制度将贸易活动集中在大城市问题

纽约大运河、哈得森河以及其他流向纽约的天然河或人工河,其趋势是将运输业向纽约发展。而费城的善良人们,甚至波士顿人都因发展纽约的商业运输业而兴高采烈,激动无比。他们不会对发展纽约的运输业继续进行无休止的争辩,也不会高谈阔论地辩论究竟哪种交易方式才会对国家有利。其实,转变人们的观点才是最重要的。

4、关于加价竞买方式损害普通消费者利益问题

就消费者而言,若因拍卖的具体方法有弊而要求废除拍卖,则是愚蠢和过分的举动,这种行为就像要驱逐动力纺机那样。因为动力纺机节省了劳动力,而使手工织布机被逐渐淘汰,动力纺机就应该被驱逐吗?即使我们承认消费者在拍卖中多花了一些费用,那么,他们也会将这些费用转加到其他交易活动中去,因此,不要对拍卖产生抱怨,也不要要求通过立法来压制拍卖活动。我们主张建立一个自由、幸福的国家,每个人都有权按照自己的方式进行生活。

5、关于在拍卖活动中存在欺诈活动问题

首先,我们承认有欺诈行为,一度还比较严重,但这是由拍卖师个人造成的。对此,没有人会否认这个事实,这些人是拍卖师队伍中的败类,且数量只是一小部分,这由他们的品德和人格所决定的。因此,我们公开承认有这么一些人存在着欺诈行为,这就像其他交易领域里的欺诈活动一样,他们欺骗粗心大意的客户和老实人。这种行为已超越了贸易业务的范畴,是一种法律范畴的犯罪行为。唯一有效的纠正办法是用诚实来制止不诚实,这是拍卖行业内常用的纠偏方法。拍卖行业不会长期存在这种不法的欺诈行为。

◀ 1850 年的美国众议院。(早期绘画作品)

第四节　美国议会报告为拍卖交易正名

▲ 美国参议院（United States Senate）是美国的立法部门——美国国会的两院之一，另一院为众议院。图为美国参议院会议场景之一。（早期绘画作品）

对这场不见刀光剑影的战斗，美国议会出版了一份有关指控拍卖商的调查报告——《拍卖史略》，这是一份支持正义和尊重拍卖商的纪实报告。美国国会年报里载有这篇报告，摘要如下：

"请愿者（反拍卖组织）卷入了一种创新贸易方式的辩论之中，它影响着贸易系统的各种机制，这成为今年来颇有争议的问题。在上次会议上，你们出自对商业的关心，通过了一项决议，要采用制约措施来限制拍卖交易活动。你们认为，拍卖活动已大范围地影响了商业的发展，这是一种不适时宜的关心。你们是否能宽容地对待他们的事业和宽容已发生的事件，宽容他们处理问题的方式并重新评价他们的表现，使他们能保持他们个人和集体的社会地位。你们将会从他们亲身的实践中看出，他们不存在那种欺骗和欺诈的指控，也毫无理由来反对这种拍卖的交易。这是一种过去盛行过的商务模式，人民大众从你们的那种反对呼声中得到的印象是，这种贸易方式的反对者必须重新认识拍卖活动的重要性和社会地位。"

"拍卖交易是合法的，拍卖商通过大量的实践，认真负责地改进他们的工作。他们相信，只要保持一种荣誉感，可以通过顾客对拍卖事业的关心和公众对拍卖活动的评论，反映改进拍卖艺术品中可能产生的问题。要从买方那里得到欺诈的第一手信息并不是一件

◀ 1834年的英国下议院议事大厅,议长和议员们正在展开激烈的争论。在传统惯例上(此传统的效力甚至高于《国会法》),关于财政、商务范围内的事务下议院的是被赋予至上权的。只有下议院才可以提出关于税务和供应的议案。而且,下议院通过的供应议案是免受上议院修改的。(早期绘画作品)

困难的事,然而,对于保护买方的安全也必须要有一个限制,发布的拍卖公告也必须要有一个规定的期限。"

"请愿者的另一个主要论点是,商品的质量存在着缺陷和破损。事实上,交易前买方可以通过开放式的、不受限制的商品预展,充分地对每件拍品进行仔细检查,并从公开的告示中熟悉每件商品的价格,以及价格上浮或下降的详情。通过这些措施,可以避免各种错误,并可及时发现各种欺诈活动。一些专为我们或其他地区制造的英国服装、玻璃制品和装饰品,其质量如此之差,已经臭名昭著,连毫无经验的人也不会受骗上当,这与拍卖商无关。抗议并反对拍卖交易,使这个国家在商业上发生了一场革命。请愿者应该把商业营业额的下降归咎于其他原因,拍卖业的发展及壮大是在商业萧条的形势下产生的,它的出现已经极大地缓解了商界全面亏损的现象。"

"基于上述现象,有人曾反对借用立法手段来限制拍卖活动,但请你

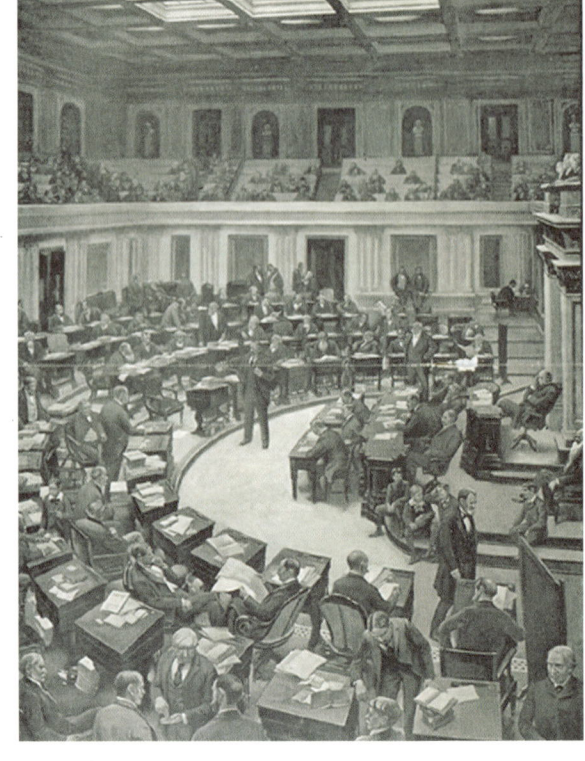

▶ 图为美国参议院会议场景之二。(早期绘画作品)

80　世界拍卖史

们注意利弊关系。如果只是牵强附会地用论据不足的理由提出反对，这种反对就没有价值了。拍卖的公开特性具有普遍性，他们不会置企业的利益而不顾，迫使商品进行压价。买方和卖方为了他们彼此的利益，在一个保持中立的场合相会。拍卖行已作为买方和卖方最放心和最方便的媒介，活跃在交易市场上。目录上所标的价格仅供参考，但不影响国家的财政收入。

这份刊登在美国国会年报里的议会报告澄清了社会上对拍卖商的误解，确认了拍卖商在贸易市场中的地位，使得反拍卖商组织的成员不得不重新做出选择。

英美的反拍卖活动虽推波助澜地持续了一些时间，但他们有关欺诈和颠倒黑白的论点正受到他们对立面的指控。一个时期拍卖活动的兴起恰好与那个时期的经济衰退相呼应，因此，国内的商界即将这种现象怪罪于拍卖业，并谴责拍卖活动的兴起导致了商业贸易的普遍衰退。情况正像美国国会年报指出的那样：大部分的拍卖商是公正的，尽管还存在对宣传拍品确有夸大其词的现象，虚假广告也确使买主蒙受了一定的损失。拍卖事业的发展并非一帆风顺，有些方面需要通过立法来做出限定，任何情况都不会对拍卖业的发展有决定性的影响。

▲20 世纪的美国众议院议员会场。

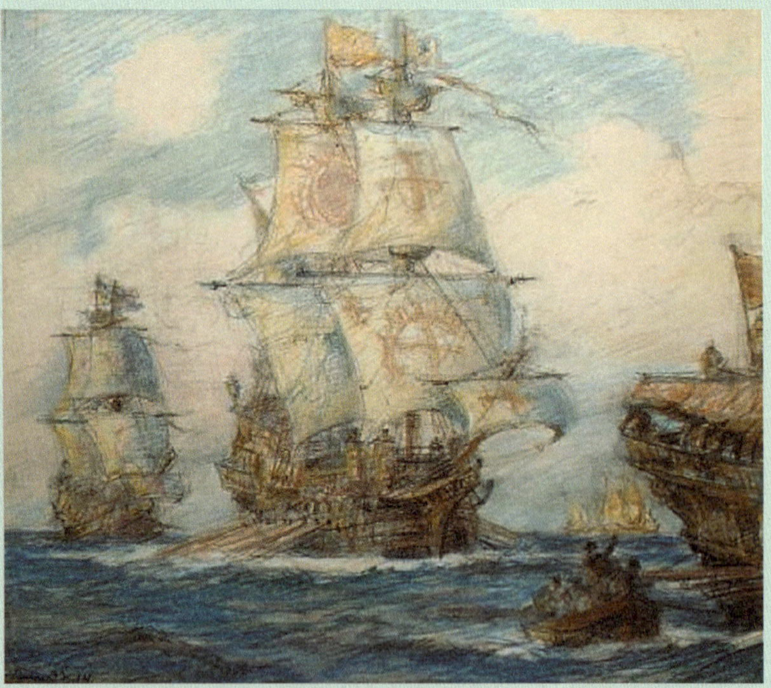

第六章

欧洲拍卖业的复兴

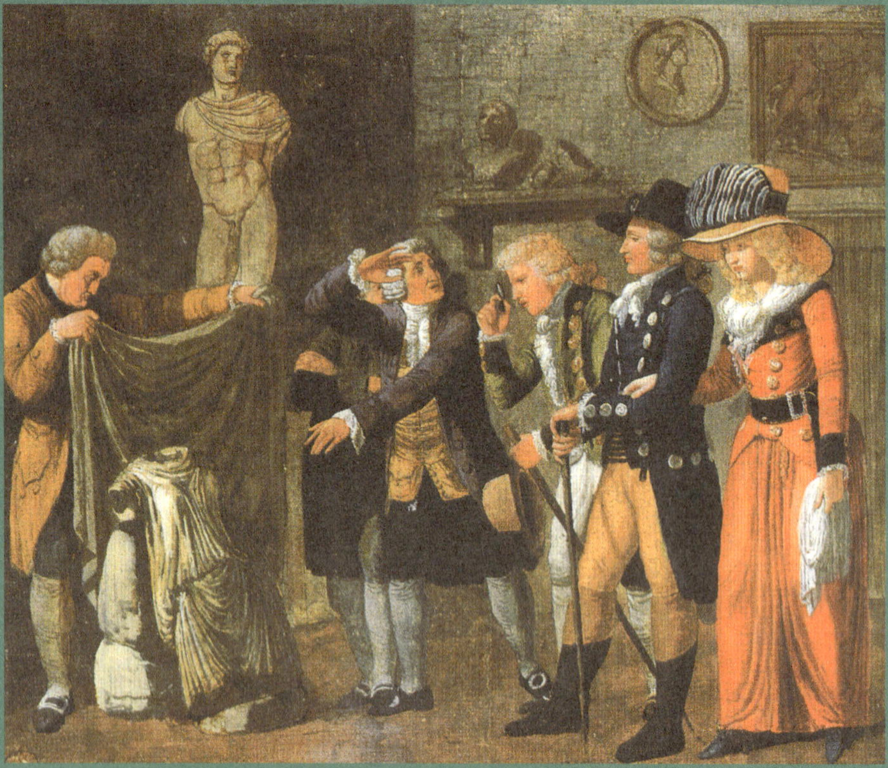

◀ 劳埃德咖啡馆。英国人爱德华·劳埃德（Edward Lloyd）1688年创立了劳埃德咖啡馆。因地处泰晤士河畔，常有海外归来的商人和船主光顾此地，逐渐成为航运和商务信息的交换中心，保险经纪人也来招揽业务。正因为有了这一主流市场，伦敦咖啡馆才如此繁荣。（早期绘画作品）

18世纪后半叶，拍卖交易继续迅速发展，尤其在伦敦和巴黎更甚。在伦敦，很多交易仍在咖啡馆进行，到18世纪末，主要拍卖会场则转至科恩希尔的加勒韦咖啡馆。即便如此，有较多的拍卖行注重长期、稳定的发展，一些公认（包括默认）的做法被视为交易规则。早在1744年，伦敦书籍经销商塞缪尔·贝克(Samuel Baker)被公认为拍卖商的核心人物，他是苏富比拍卖行的创办人，就是他举办了第一次书籍拍卖会。五年后，詹姆士·佳士得(James Christie)才开始当学徒，并在1766年也独自创立了佳士得拍卖行。

第一节　拍卖交易务必循章守法

苏富比拍卖行最早的买卖是书籍，以拍卖方式销售书籍是塞缪尔·贝克的首创。从第一次拍卖的一个实例的记载，可以看出贝克为首次拍卖制定了严密的细则，说明了18世纪中期拍卖活动初创之期，各项准备工作也很完善。拍卖细则如下：

1.出价最高者即为买受人，若出现争议，该书（或者一批）将重新拍卖。
2.叫价时，加价幅度不少于6便士，当报价到达1英镑后，加价幅度不少于1先令。
3.书籍交付时若出现异常，买受人可自行决定取舍。
4.拍卖预售书籍当场不交货，每英镑交付5先令预付款，记下姓名，随后通知。
5.每次拍卖结束后三天内付款，买受人货款付讫后提货，若不能亲自参加拍卖时，可授权代理人参加竞买。

据报载，截至1766年末，伦敦约有60名拍卖从业人员，经营范围从艺术品到牲畜、干草无所不及。1799年，拍卖方式完全被社会和商业领域所接受，国会在同一年通过了一

第六章　欧洲拍卖业的复兴 | 85

项法令,"确认所有领取拍卖许可证的拍卖人应缴纳所得税;确认因拍卖出售土地、房屋、货物及其他物品时,缴纳地方税费"。法令规定,在此之前关于征收拍卖货物的税法作废,以免在拍卖破产者的动产时出现虚假报告,而使国家遭受税收的损失。该法令力图保证所有拍卖商都获批准,并使之对纳税行为负责。

为使所有人都不逃避纳税责任,立法中对拍卖商做出明确的规定:"除拍卖人外,任何单位或个人都不得以拍卖形式进行交易;物主也不得对各种成批成捆的动产以叫卖、燃烛等方式进行销售。"领取许可证的费用,伦敦是 20 先令,其他城市则是 5 先令。许可证每年进行年检,期满前 10 天内办领新证。无证销售者予以处罚,伦敦的罚金是 100 英镑,伦敦以外地区是 50 英镑。

拍卖的货物也要征税,规定对地产及租用地、农用设备、船只及容器,成交额每英镑纳税 3 便士;所有不动产的固定装置、家具、金银餐具、珠宝、书、画、马匹、马车以及其他货物和动产等,每英镑纳税 6 便士,自 1779 年 7 月 5 日起实施,所宣布的"税费和税率"一律在击槌后直接缴纳。

在伦敦,拍卖商领取许可证时,必须按申报的文本交付总数为 300 英镑的保证金,以保证每次拍卖后 28 天内,将一份正确和详细的账目交至签发执照的办公室,账目中要将每次拍卖会的竞买情况,连同每笔拍品的成交额填表上报,为了保证纳税的严肃性,此时必须完税,并且对成交账目的真实性负责。若有虚假,将宣布许可证无效,或没收拍卖许可证。

拍卖人在英格兰、苏格兰和威尔士执行有关法令规定的拍卖业务,或执行法院或财政部命令而进行的拍卖享有免税政策。为了维护物主的利益,由于租费或什一税(宗教捐税)而被扣押的东印度群岛公司和哈得森海湾公司进口的货物,由行政长官做出裁定,强制拍卖扣押的货物时,也同样享有免税优惠。

为防止申报免税项目时出现欺诈活动,在出售属于免税的房地产、物品或动产时,必须依法申请免税。拍卖人必须按要求出示销售清单,由行政长官签署,以证明清单所列项目确系债务人或破产者的财物。若有虚假,罚款 20 英镑。

◀18 世纪的英国法庭。(早期绘画作品)

第二节　海关物资拍卖初领风潮

　　1788年,《泰晤士报》创刊后,就立即成为拍卖广告的宣传工具,仅有四页版面的报纸,就有半页是拍卖广告专栏。更值得注意的是,广告专栏中还根据拍卖方式分成两个独立的栏目,即"拍卖售卖"和"烛光售卖"(或称燃烛法拍卖)。"烛光售卖"是独自处理进口货物,例如酒、酒精、纺织物等必需品。而"拍卖销售"主要是房地产、家具及相关物品。1788年～1789年,由《泰晤士报》登载属于"烛光售卖"的广告内容摘要如下:

例一:科恩希尔　香苹果巷　纽约咖啡馆

1788年1月20日,下午5点

无底价

　　大批量东印度群岛和英国平纹细布,以及各类俄罗斯及其他产地的亚麻布织物。

　　同一天的下午4点,米德大街40号克罗夫特先生的仓库内,由男士纺织品商、布商托马斯·马斯顿先生及同业人士举办的布料交易会上进行抵债物资拍卖。同时,哈姆洛咖啡馆组织酒类物品拍卖,物品为264打陈酿红葡萄酒;售卖期间可供品尝。进口物品在海关大楼进行专场拍卖。大部分物品已处理,这是海关人员查封的不合格货物,产品质量不能达标,特别是酒和酒精类物品,批发商不得收购,仅供个体买主小批量购买。

◀拍卖进口货物的伦敦海关大楼旧址。

第六章　欧洲拍卖业的复兴

例二：伦敦海关大楼

奉尊敬的海关特派员之命执行第三年度国会法规

1788年2月27日星期三

下午3点，伦敦海关大楼，小批量出售下列物品，专供商贩个人竞买。

用于家庭消费

白兰地酒、朗姆酒、杜松子酒、烧酒、强心药水、茶、咖啡、羊毛容器、船、容器材料、不合格的酒、烟草灰、麻纱、纱布、柑桔、蔓越桔、缓冲瓶、毛皮、松鼠毛皮尾巴、大型法国窥视玻璃板及光学用玻璃。还有一些货物存放在仓库内，是否已超过三个月以上，不明；是否交付税费，亦不明。包括图画、印刷品、书籍、纸张、长统袜、鼻烟、钢枪、指挥喇叭，以及商品清单上所列其他商品。

▲ 阿伦德尔城堡的威严壮观似乎显示着拍卖交易的可靠性。

例三：阿伦德尔海关大楼

1788年4月17日星期四

下等2点

以下货物已被查封、没收。

白兰地酒64加仑 朗姆酒18加仑　仅供私人家庭购买

杜松子酒421加仑

除了船上货物外，海关大楼偶而还对海上失事、搁浅并已注销的船只，以及船上抢救货物进行拍卖。

例四：奇切斯特 海关大楼

由庄严的海关和尊敬的盐税委员会准许免税

1789年2月6日星期三

上午11点

大约70吨西班牙阿利坎海盐，是瑞典Snow Amphtrite号船上的部分货物，最近搁浅在萨塞克斯海域。这部分盐贮存在赛尔西仓库，靠近海滩，装运费用低。参观样品可在拍卖之日到奇切斯特海关大楼与赛尔西的弗朗西斯·惠特科姆先生联系。

第三节　房产动产拍卖渐成时尚

伦敦的房地产与家具等动产通常是在室内进行拍卖,广告中很少提到拍卖行的拍卖厅,原因是伦敦的拍卖行很少有自己的拍卖场所,多数在一间小办公室或私人住宅里进行拍卖。加勒韦(上图)、哈姆洛、纽约及银座等咖啡馆,都被大拍卖行用作拍卖场所。经对《泰晤士报》1788年第一季度刊登的所有拍卖公告进行调查,大多数的拍卖活动是利用待售房屋之便,举行房产拍卖会:

例一:承办人格林·伍德先生
在委托人的办公室内
1月24日星期四

　　精致和正宗的家用家具、亚麻布、瓷器、酒、轻武器、酿造酒及花园用具等。属于已故绅士的物资。他的住所在哈默史密斯教堂(下图)对面,富勒姆公路附近。星期二12点起展示,直至拍卖时止。

▲ 加勒韦咖啡馆旧址(绘图)。

例二:承办人塞缪尔·伯顿
艾斯林·科勒鲁克路20号办公室内
2月12当日

　　全部是完整、正宗和非常时髦的家用家具,贵重的附属装置及某绅士的所有动产,全部都是12个月内的新货,完好无损。

　　即日参观……拍卖在上午11点开始
家具详情见拍品目录。拍卖人及承办人伯顿在霍德雪街128号提供拍品目录。

▲ 哈默史密斯教堂。

这些广告最显著的特点是经常使用具有说服力的形容词,在印刷上采用大号字母着重强调售卖的特点,这种强调性的词汇,不仅突出了商品的特点,更重要的是表明了原先物主的身份,是一位绅士。若这位绅士并未死亡,就可用其他理由来说明处理上述物资的必要性。这些广告都企图表明:目前有机会从他人的财产中获得某种物品,这种感受要比读书更具有刺激性,可以用合理的价格买下所需货物。

关于艺术品拍卖有两个很好的例子:

例一:承办人 罗伯杜

查林·克劳斯的办公室

奉遗嘱执行人的命令

3月14日 星期五 上午11点

休·休斯先生正宗的家具、金银餐器、宝石、亚麻布、瓷器图画、书籍及其他有价值的动产。此乃已故纺织品商人的遗产,包括一流的床上用品、高级的红木家具、书柜、厨柜、椅子、高级纸牌及四周有装饰边的餐桌、窗间镜、地毯、600件耐用的金银餐具,金表、钻戒、已故西摩先生收藏的一张陈列画,此系首次拍卖;由加诺珍藏的一套精选藏书、一架强音钢琴、一台微调的红木拨弦古钢琴及其他商品。

格雷斯教堂大街塔尔伯特大院6号罗伯杜先生处提供产品目录。

例二:承办人 福富

牙买加 萨里郡 克拉彭装配厂附近的办公室内

3月20日 星期四

上午11点

爱德华·乔治先生告老还乡,欲将其上乘的室内用品:400件金银餐具、闪光的钻戒、精致的桌子及亚麻布床单、一套精选的藏书、瓷器等予以出售。

▲ 伦敦的国王大街(西侧)曾是艺术品的聚集地。(早期绘画作品)

▲ 18~19世纪的伦敦一片繁华景象。(早期绘画作品)

第四节 成就非凡的菲利普斯

18世纪的伦敦,除了公众熟知的苏富比公司、佳士得公司是伦敦的主要拍卖商外,伦敦还有另外两家拍卖行,它们也是在18世纪建立起来的。1793年威廉·查尔斯·博纳姆和乔治·琼斯在莱斯特大街开设了一家艺术品陈列室,宣告博纳姆公司就此诞生。同年,哈里·菲利普斯辞去了佳士得公司的总办事员职位,并在4月23日举行了他第一次的拍卖活动,拍品是"优雅精致的室内家具"。那个时期拍卖活动流行在委托人的房间内举行,因此,菲利普

▲ 成立于1796年的菲利普斯拍卖公司。

斯的拍卖场所放在"皇冠街威斯敏斯特的住房里"。直到1796年底,菲利普斯才买下了新邦德大街73号的办公楼,成立了自己的公司。菲利普斯具有一种不可驾驭的超级售货员的特性,而且很可能他也意识到他擅长于拍卖工作,所以,他不再为佳士得而卖命,也不再做那些让佳士得扬名而自己只从中得利的事情。

▲ 当年,威廉·查尔斯·博纳姆及乔治·琼斯的艺术品陈列室就在这条名为莱斯特的大街上。

《早晨邮报》1801年在拍卖广告的一篇文章中指出,菲利普斯是靠广告得到了某些非常重要的业务,他靠自己扩充经营范围后,兢兢业业地工作,因此,理所当然地击败了佳士得。他的广告技术表现了他灵活的头脑与创新的精神。他第一个发出通知,只要凭拍品目录就可进入展厅看货看样,而拍品目录收费1先令,两倍于其他拍卖行的价钱,但买受人可以退还拍品目录的费用。其中一则广告如下:

承办人　哈里·菲利普斯先

第六章　欧洲拍卖业的复兴 | 91

▲ 拿破仑在圣赫拉纳岛上房屋里的所有动产被菲利普斯销售一空。

◀ 方特希尔教堂。(绘画)

生

地点：南奥德利大街72号 办公室内

时间：本月26日星期四，中午12点

部分华丽的室内家具、优美的法兰西金银餐具以及特大的穿衣镜及壁炉镜。四只金碧辉煌的刻花玻璃枝形吊灯、巴黎式镀金音乐时钟、精致的青铜器艺术品、大理石及雪花石膏塑像、花瓶等。伊特拉斯坎人的物品、室内图画，以及杜克朗兹(音)的画、花毯等壁饰、古老的塞弗瓷器大餐具及小餐具，以及优美的陈列柜，陈列柜组件和装饰性瓷器，上述均系塞弗及德累斯顿工厂制造。本色陶瓷塑像、上等酒类，包括优良的陈葡萄酒、马德拉岛白葡萄酒、雪利酒和法兰西酒，精装本藏书及各种值钱的动产。

此系萨瓦利埃·多阿尔曼蒂亚阁下的财产，他是驻葡萄牙的大使(现不在英国)。

哈里·菲利普斯将所有委托物品刊登在广告中，显示了一种企业家的精神，凡是能够找到的货物都可以出售。菲利普斯是一位成就非凡的拍卖商，他举办了多次著名的拍卖活动，包括重要的谷物拍卖。例如，他拍卖布鲁顿大街乔治·比恩·布鲁蔓的财产以及拿破仑在圣赫拉纳岛上的所有动产。著名的顾客中包括罗克斯伯格公爵、肯特君主殿下、赫特福德小姐、塔里兰德王子和他自己所说过的一些人。

1823年，菲利普斯接受威廉姆·贝克福特的委托，出售属于方特希尔教堂的财产。贝克福特是一位富有的作家、政治家和收藏家。这是一次长达30天的马拉松式拍卖。社交界以强烈的热情聚集到他的周围，这种热情被《泰晤士报》描写成"方特希尔热潮"。当他为白金汉公爵拍卖物品时，又出现了一次富丽、壮观的30天。他在广告中是这样描写的：

▲ 20世纪的菲利普斯公司拍卖会现场。

▲ 贝克福特是一位富有的作家、政治家和收藏家。

"出售的物品是高官名流全部财产中最重要且高贵的收藏品。"

　　菲利普斯使用形容词辞藻的技能，已达登峰造极的程度。而支持其拍卖活动的报社记者也功不可没，《早晨邮报》的广告中作出了热情洋溢的报道，对其拍卖的家具及动产，总是用"整洁的"、"珍贵的"、"优美的"、"流行的"、"华丽时髦而又独特的"等词汇。更有甚者，将拍品描述成"正宗货"。所有这些不寻常的拍品至少还加上了"一个绅士"、"一个有地位的人"甚至说是"一个告老回乡绅士"的财产。有时还写道，这个"绅士不再参于家政，在布兰福特市场顶层自己的家中"等词组。

第六章　欧洲拍卖业的复兴

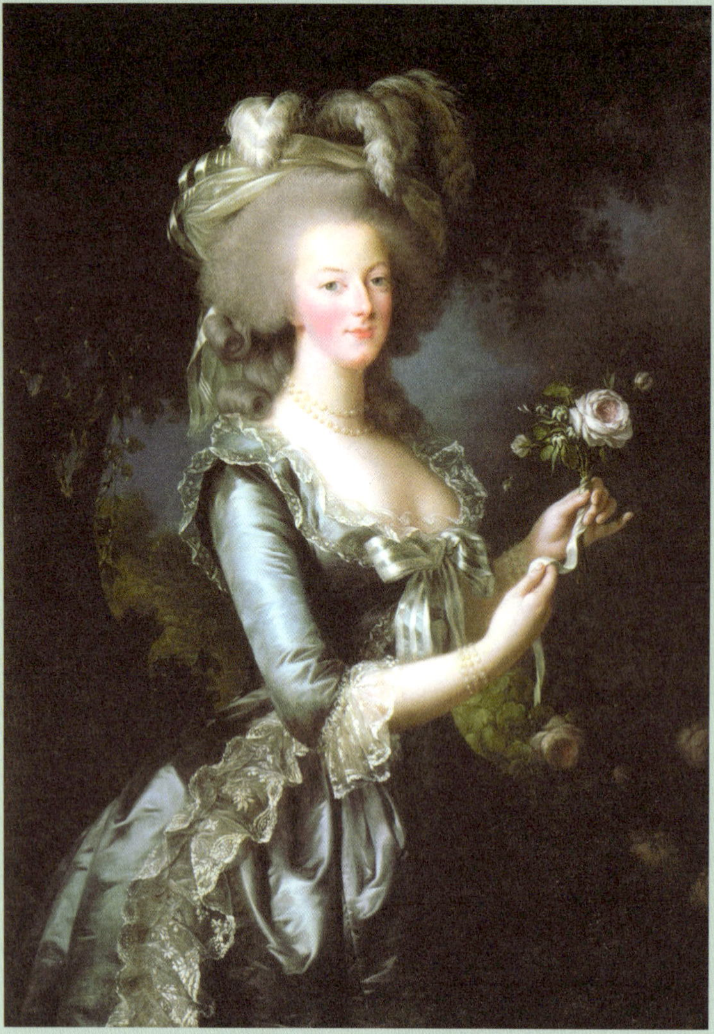

第七章

两大拍卖帝国崛起

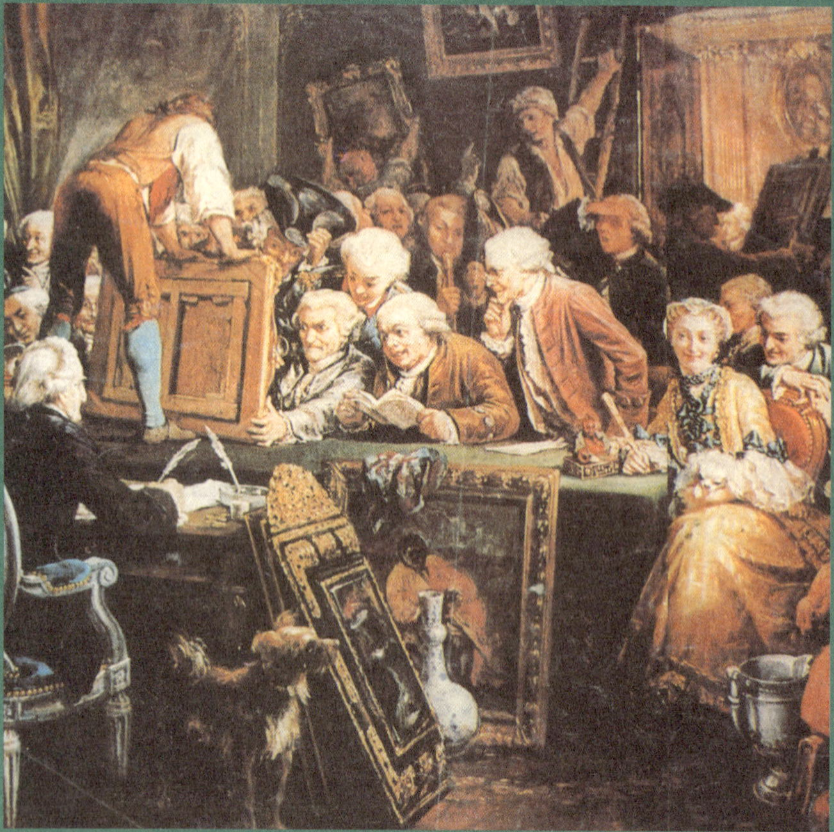

18世纪,世界上两个最大的拍卖行是苏富比拍卖行（1744年成立）和佳士得拍卖行（1766年成立）。苏富比拍卖行位于新邦德大街,佳士得拍卖行位于国王大街,都以伦敦作为基地。两大公司的创始人由出身低微一跃为世界上成就卓越的人物,都有一段吸引人的经历。

▲ 佳士得纽约分公司位于洛克菲勒中心。

◀ 苏富比的总部在伦敦的新邦德大街。

第七章　两大拍卖帝国崛起

第一节　谁是世界拍卖业的"鼻祖"

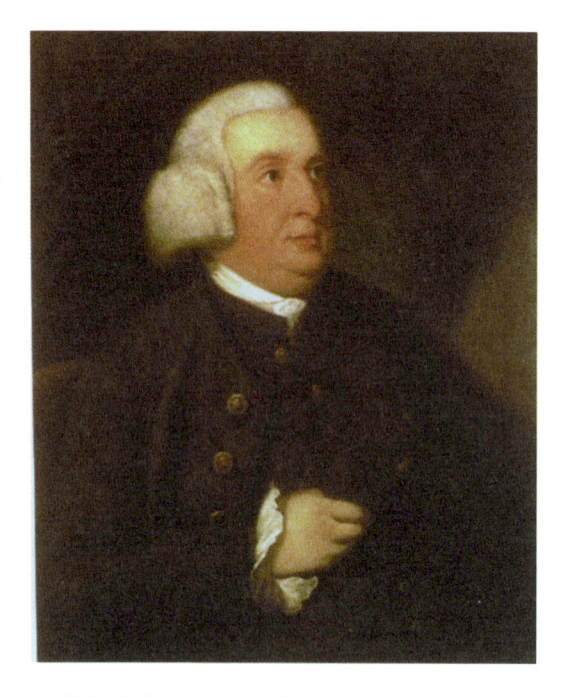

▲ 苏富比创始人塞缪尔·贝克。

◀ 佳士得创始人詹姆士·佳士得

伦敦书商塞缪尔·贝克是著名的苏富比拍卖行创始人，他的一幅戴假发、穿绛紫色上衣的半身肖像，至今还挂在公司的办公楼里。考文特花园的拍卖人詹姆士·佳士得是著名的佳士得拍卖行的创始人，他的半身肖像被他的继承人卖掉，现今存放在美国的保罗·盖蒂收藏馆里。

这两个拍卖行经历了经久不息的彼此竞争，还经历了与伦敦菲利普斯等其他拍卖行进行竞争后，才取得了进步。自18世纪初到20世纪，甚至在今天的21世纪，有一个具有争议的问题依然没有得到解决。这个问题是："哪一家拍卖行才能称得上是历史最悠久的高档艺术品拍卖行？"这个问题不仅使撰写这个专题的几代作家无法得到证实，而且两大拍卖行也参加了争论，它们通过各自的宣传部门，代代相传地争辩着。

尽管苏富比的创建时间要比佳士得早20多年，但塞缪尔·贝克毕竟是一个书商，在18世纪的大部分时间里一直在销售书籍。与此同时，詹姆士·佳士得从开办拍卖行之初就广泛地经营着收藏品、家具、书画、珠宝等。因此，佳士得也声称自己才是世界上最古老的高档艺术品拍卖行。

反复提出的论点是：如何理解"高档艺术品"这一术语。"高档艺术品"这一术语最早出现在苏富比的自述中。苏

▲ 这幅画是漫画家詹姆士·杰瑞 1796 年的作品，他用讽刺夸张的手法描述一个女演员和伙伴在佳士得画廊观赏绘画作品。

富比在其信笺上方有一句广告词："能鉴别高档艺术品版权和制作工艺的拍卖人。"这段广告持续了好几年，因此，这一段文字就是一个十分有力的证据。翻开苏富比的刊物，就有这样一段报道："苏富比是世界上最古老、最大的高档艺术品拍卖行，由伦敦书商塞缪尔·贝克于 1744 年创办。"佳士得不顾这段声明，在自己的宣传小册子里也作了以下的描述："世界上最古老的高档艺术品拍卖行由詹姆士·佳士得于 1766 年 12 月 5 日创办。"

即使查阅吉尼斯记录，也无法解决这个争议，因为吉尼斯记录仅转载了苏富比发行的刊物，而且遗漏了"高档"这两个关键字，记录如下："世界上最大的、且最古老的艺术品拍卖行是伦敦和纽约的苏富比·帕克 – 伯尼特，创办于 1744 年。"美国 20 世纪末出版了一本书，书名是《苏富比——拍卖业的样板》，作者是弗兰克·赫曼（Frank Herrmann），这本苏富比传记使情况变得更复杂了。

唯一可以确认的是，至今尚未发现同时符合最大、最古老两个条件的艺术品拍卖行。所谓最大的拍卖行难以确定"最大"的标准，因为不同的时代标准不同。有关最早成立的拍卖行，目前已经有了比较一致的观点。据目前的文献记载，就成立日期而言，瑞典斯德哥尔摩拍卖行成立于 1674 年，是世界上最早成立的专业拍卖行；1705 年成立的奥地利多罗姆斯拍卖行排名第二；成立于 1731 年的瑞典乌普萨拉（Auktionskammare）公司位居第三；成立于 1744 年的苏富比公司位居第四；成立于 1766 年的佳士得位居第五；之后是伦敦塔索尔马匹拍卖行（1766 年）；英国博纳姆公司（1793 年）；英国菲里普斯文物艺术品拍卖行（1796 年）；巴黎德鲁奥拍卖行（1852 年）；斯堪的纳维亚布考斯基拍卖行成立于 1870 年……。斯德哥尔摩拍卖行每两周在"玛格森 5"拍卖在港的斯德哥尔摩地区动产，每年营业额约为五亿欧元。2008 年 9 月 6 日的《发现》(Discovery) 节目，播出了同年 5 月 28 日在瑞典斯德哥尔摩拍卖行 (Stockholm Auction House) 拍卖的一幅名为《Virgin with Child》的布面油画，最后以 365 万瑞典克朗的价格成交。

▲《Virgin with Child》布面油画

第七章　两大拍卖帝国崛起

第二节 苏富比首拍珍贵古籍善本

19世纪著名传记作者、教士托马斯·弗罗格纳尔·迪勃丁曾撰写过一段有关苏富比的报道，摘要如下：有一本贝克亲自编目的备忘录，在备忘录的扉页上看到了"1744年塞缪尔·贝克首次拍卖"的字样，这份首次拍品目录记载的是托马斯·裴立特医生的藏书，但是通过手写字体和编目风格两方面进行研究，可以确信这是由一个不为人知的约瑟夫·布里格斯托克拍卖人编写的目录。可以认为，首次尝试的拍品是约翰·斯坦利爵士的"几百本珍贵的和有价值的各类纯文学图书"。475件拍品于1744年3月11日星期一开始在伦敦河滨路"埃克塞特交易所"对面的"大屋子"里进行拍卖，历时十几个晚上。

1733年2月19日，塞缪尔·贝克发布了第一次图书目录，时年22岁，由此开始了他的书商生涯。这也是一份书商的图书目录，标题是"可供选购的图书目录"，在封面的底端却刊登着一段古怪的附注：1733年2月19日，星期二，在拉塞尔街考文特花园（参见101页图片），由"天使和荣誉"书商缪尔出售一批廉价图书（目录中每本书都标有参考价），每天都营业，售完为止。由于自1745年起"廉价出售"改为"拍卖出售"，因此，这成为确定贝克首次拍卖日期的又一重要因素。毫无疑问，苏富比拍卖行是在1745

▲ 托马斯·弗罗格纳尔·迪勃丁(Thomas Frognall Dibdin，1776~1847年)，英国的书目提要编撰人，出生于印度的加尔各答。迪勃丁年幼时是一个孤儿，长大后在牛津大学读书，并在林肯律师学院进行研究。想当律师的希望落空后，1804年在伦敦的肯辛顿成为一个副职牧师。1823年，他被利物浦勋爵指定负责目录方面的工作，直到去世。

▲ 托马斯·弗罗格纳尔·迪勃丁出版的书目提要著作。

◀ 埃克塞特交易所建于1676年，位于伦敦市北部，建筑物因楼顶有著名的小动物园而出名，1829年被拆毁，苏富比在此成立并举办第一次拍卖会。图为1826年作品金属雕版画《埃克塞特交易所》。

▲ 19世纪初，因历史悠久而著名的伦敦考文特花园是皇家歌剧院。

▲ 如今的考文特花园已经是伦敦著名的商业广场。

年成立的。不过，直到目前为止，公司的信笺上方依然写着"创办于1744年"的字样。

虽然已认定了苏富比的创建日期，但明确塞缪尔·贝克的书商身份还是很重要的。喜欢多种经营的他是一个书商，且以书商、出版商的名义刊登广告。同时，他确实把拍卖作为他商业计划中的又一发展道路。有记录的拍卖场次的频率表明，塞缪尔·贝克早期只是一个业余的拍卖人，1745年他只主持了一次拍卖活动，1746年又只拍卖了一次，第三次是在1747年。

早先的拍卖，每本书都以单独编号出售，拍卖会要持续好几天，拍品数量在20~40本时，连续拍卖几天也是很正常的事。当时的拍卖风格与现今的拍卖节奏截然不同，每天暂短的夜市只能提供几本拍品，使得拍卖要持续好几周。

贝克首次的大型拍卖活动是1754年拍卖理查德·米德医生的藏书。米德医生的珍藏品油画、玉雕或贝壳浮雕、古钱币和雕塑等收藏品，在1754年和1755年之间分三次拍卖，总成交额为10 550英镑18先令，其中两份是委托贝克出售的。第一次拍卖于1754年11月18日开始，延续了20天；第二次从1755年4月7日起，持续了29天，两次拍卖共得5 508英镑10先令11便士，在当时可以算是非常成功的拍卖会。

在苏富比的发展过程中，贝克拍卖场次频率不高，总是以从容不迫的步伐向前发展。更令人不可思议的是，按成交额计算，拍卖人免不了会遭到意想不到的挫折。这可能是由于投放书籍的数量太大，使书市处于饱和状态。1756年3月29日，贝克又处理了罗林森的大批藏书，并受到了很大的打击。罗林森是一位律师，他拥有大量的藏书，这次拍卖理应使贝克大肆炫耀，但结果却是失败了。

▲ 理查德·德米德（Dr.Richard Mead，1673年8月11日~1754年2月16日）是一个医生。他的工作是防止儿童疫病蔓延，在医术方面享有盛名。他的肖像是当时著名艺术家艾伦拉姆齐在1747年为他所作，以铭记他在医疗方面的贡献，这幅画挂在地方博物馆。

第七章　两大拍卖帝国崛起

第三节　佳士得主推艺术品遇危机

当苏富比在不遗余力地拍卖古旧图书时，詹姆士·佳士得于1766年12月5日创立了属于自己的佳士得拍卖行。在最初的年月里，他凭着三寸不烂之舌，到处游说，很快赢得了客户的信任，拍品从家用物品到高档艺术品应有尽有，实力越来越强。1770年，佳士得公司迁入紧邻斯科姆伯格大厦的125号大楼内，成为托马斯·盖恩斯伯勒的邻居。这幢"拍卖大楼"成为当时社会名流最希望聚集的场所。这些人包括：盖恩斯伯勒、大卫·加里克（David Garrick）和乔舒亚·雷诺兹等人。

▲ 斯科姆伯格大厦（Schomberg House），位于伦敦市中心，有传奇般的历史。图片是1850年的斯科姆伯格大厦。

然而，这段美好的时光很快被法国大革命（下图）的风浪涤荡一空。佳士得所受的打击比任何一家公司都重。法国非常脆弱的高档艺术品市场和绘画销售市场受到了严重的破坏，据说，古代画家（特指18世纪前的画家）的作品在卢浮宫的庭院里唾手可得，每幅画只值10法郎。在那些困难的年代里，佳士得改做方便运输的小

▲ 大卫·加里克（1717年2月19日～1779年1月20日）是英国著名演员、剧作家和制片经理。

◀ 法国大革命。1789年7月14日的巴士底监狱暴动。

◀ 杜·巴利伯爵夫人(1743年8月19日～1793年12月8日)，她是法王路易十五的情妇，也是恐怖统治时最知名的受害者之一。杜·巴利夫人对于国王没有政治上的影响力，她只对华服与珠宝有兴趣。此画是由杜·巴利夫人的知己女友勒布伦(Elisabeth–Louise Vigée Le Brun)1781年所画的一张肖像。

件物品，他们谨慎地将艺术品拍卖改为珠宝拍卖。

在路易斯十五世时期，女伯爵杜·巴利夫人带着她在宫廷岁月中积攒的巨额珠宝从法国逃到英国。佳士得使这位女伯爵的珍藏拍品换得8791英镑4先令9便士。欣喜若狂的女伯爵为了取回其余的财产再度回到法国，然而，她在其官邸中被一个黑奴出卖，最后被判死刑，使她再也不能出售其财产。

法国革命使佳士得的事业全线受阻。佳士得曾努力使自己的业务能适应出售高档艺术品，顾客是社会名流和贵族阶层的画家。法国革命的风浪使英国的贵族在这种环境中保持着低姿态。拍卖会上的竞价游戏只是利用少数人的竞价，使普通群众觉得公司仍在经营大宗物品，其实只是在尽力维持门面而已。这场革命已使高档艺术品的价格变得极不稳定。而对这样反复无常的市场不可避免地产生了厌恶感，这完全在情理之中。

市场衰退的结果对佳士得来说是非常严酷的，虽有迹象表明，公司的业务受到了严重影响，但史料却没有佳士得衰落的记载，找不

◀ 1792年，杜·巴利夫人数度前往伦敦，借口是要找回失窃的珠宝，不过被怀疑是去提供法国大革命流亡者的财务资助。接下来的一年，她因支持革命的叛乱罪遭到逮捕。她曾为了试图拯救自己，而说出珠宝在自己住所的藏匿地点。在经过审讯之后，她在1793年的12月8日，于协和广场被处以断头台的死刑。图为杜·巴利夫人被带出地牢，押往刑场。(绘画)

第七章 两大拍卖帝国崛起

到有关佳士得那个时期的资料。1801年《黎明邮报》所载的广告,揭示了有关佳士得先生有意义的资料。一个事实是,佳士得好像不在自己的公司出售拍品,而是以索霍区迪安街8号的地址刊登广告,这是一个非常偏僻的地区。这个广告虽不能说明任何问题,但从地址变化的现象上分析,可以认为困难时期的佳士得已慎重地决定收缩开支,因为公司的幸存比富丽堂皇的门面更重要。

财政困难的假设也被《法林顿日报》的一篇报道所证实,该报对佳士得在结算支付方面的困境引起了注意。1795年3月公司出售了一批"具有一流水平的、且有较高价值的真迹油画藏品,这些珍品是已故皇家美术学院院长、卓越的著名艺术家乔舒亚·雷诺兹爵士的财产"。该日报8月2日报道称:律师德鲁先生会见了佳士得,并就出售乔舒亚爵士的油画而没有结付这一问题进行了对话。他以通知买受人不向其付款来威胁佳士得,而佳士得称愿意做这笔拍卖款的保人,并按货物的现价支付其差价,佳士得责备欠款的贵族阶层未能履约支付款项。

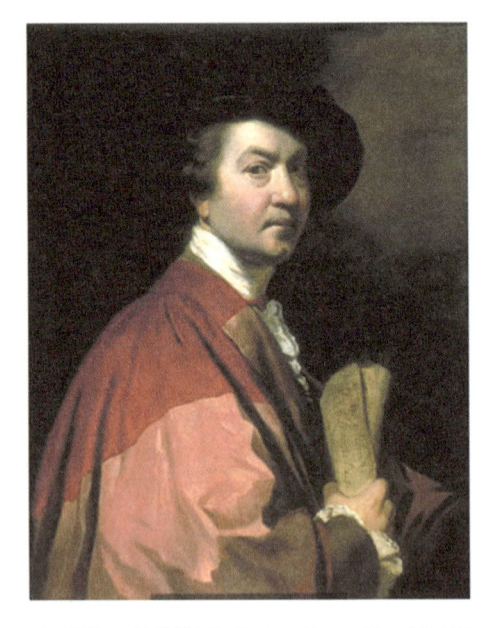

▲ 乔舒亚·雷诺兹(Sir Joshua Reynolds,1723年7月16日~1792年2月23日)是一名重要和有影响力的18世纪英国画家,专攻人物肖像画。他是皇家科学院的创始人之一和第一任主席,乔治三世对其非常赞赏,1769年为他封爵。(肖像画)

1801年,佳士得所做的广告篇幅比以前的广告小了许多,而广告所列的货物五花八门,品种比以前杂多了。有迹象表明,这些货物很难成交。佳士得为了拍卖同一个债务人的物资分别做了三次以上的广告,连续刊登广告的原因可能就是无人参加竞买。1803年,詹姆士·佳士得离开了人世。他的大儿子(也叫詹姆士)继承了他的事业,并于1823年把公司迁到了国王大街,即现在仍在使用的大楼。在这新老交替的几年中,几乎没有这家公司拍卖活动的史料,但还是可以肯定,19世纪的前25年中,佳士得大部分时间依然是不太景气的,正如老詹姆士发现的那样,在经济困难时期,幸存是真正重要的财富。

▲ 1883年的伦敦国王大街。

104　世界拍卖史

第四节　19 世纪伦敦拍卖活动记录

伦敦帕尔·梅尔大街的风景画明信片。

19 世纪中期，有关拍卖行业的文献在书报杂志中的报道较少，19 世纪 40 年代的有关资料提供了伦敦拍卖业和拍卖人的情况，以及公众和媒体对他们所作的评论。这一时期的重大事件有两件。

第一件事是一篇有关书籍拍卖叙述体裁的新闻报道，刊登在《文人晨报》（Morgenblatt fur Gebildete Leser）上，摘要如下：

伦敦的书籍拍卖业为遭遇不幸的人生和薄弱意志的人提供了大量的精神食粮。知名人士死亡或破产后，其藏书通常是指定拍卖行进行公开拍卖，尽管这些拍卖销售活动大做广告，但不可思议的是，不仅外国人，就连空闲的伦敦人也很少参加拍卖活动。如果稍加留意，就会注意到伦敦这么大的地方，书籍拍卖行却集中在一起，相隔非常之近。一小时内就可以轻松地从良凯迪利街沿着帕尔·梅尔大街（上图）走到弗利特街。在这个区域内能找到主要书籍拍卖人梅瑟士、埃文斯、苏富比、弗莱彻、霍奇森和索斯盖特。初春，这些先生就竞相在报纸上预告他们的拍卖信息，同时出版拍品目录。当各业务部门意识到拍卖"季节"即将来临时，他们就开始与卖主确定具体的拍卖日期，只有当业务繁忙时，才可能在同一天进行两场或三场拍卖会。像大多数实业家一样，拍卖师也有自然形成的排列次序。当仁不让的是埃文斯，因为他的父亲是英国著名的民谣编辑，享誉文化界，其收集的民谣填补了珀西留下的空白。埃文斯好像先于他的父亲，成为名人藏书和富裕中产阶级藏书的主要拍卖人，并已被授予主席的特殊荣誉。他对书籍拍卖的研究几乎闻名于伦敦。排列在埃文斯之后的是苏富比，他喜欢与贵族阶层和有钱人合作，拍卖他们的古董、古币、版画、文学珍品、书籍和其他类似的物品。

最有影响的拍卖是出售贵族伯威克勋爵的藏书，其中不乏有一些赫赫有名的纹章官的著作、手稿和真迹石印版。所有的收藏者都为此而极度兴奋，因为在这些文献中有一份莎士比亚（上图）在布莱克弗拉尔的房屋契约，上面有他的签名，而这位伟大剧作家的签名幸存于世的只有四份。当拍卖师介绍这份珍贵的文献时，屋子里的人由于太过惊讶，居然鸦雀无声。拍卖开始5分钟后，竞价已达到100畿尼，竞买人中出现了许多皱眉头、歪鼻子的表情，或由于希望破灭而感到挫伤。有人既想继续报价，但又想停止角逐，处于两者之间，从其内心斗争和面部表情来看，就知道这个价格对大多数竞买人来说，似乎已至极限。在下一轮报价前，拍卖师在情绪上作了一些调整，故意将间隙时间放长。竞买人一个接一个地退出了竞争，但求购的激情仍在继续上升。每当出现一个新的报价时，拍卖师的声音也变得越来越沉重。当拍卖师连说三次150畿尼时，在场的每一个人都屏住了呼吸，只有当槌子敲响，拍卖师郑重其事地说"成交"时，窒息的气氛才被打破，静止不动的观众重新又活跃起来了。

▲ 享誉世界的英国作家莎士比亚（William Shakespeare）的签名、手稿极为罕见，珍贵的手稿保存在大不列颠博物馆，即始建于1823年的大英博物馆。

第二件事发生在1848年，实际上是一个偶然的事件，但绝不是普通的事件，而是轰动一时的大事。即使在当时，这类重大事件在一个世纪里也许难得只发生一次，这就是白金汉郡和恰图斯郡公爵理查德的破产拍卖事件。1848年8月，英国出现了坐着四轮马车到斯托庄园（下图）公爵的宅地参加拍卖的热潮。这股浪潮持续了四十天，公爵宅邸所有

▲ 畿尼是一种英国早期金币的名称，铸造于1663-1813年，一个畿尼相当于21个先令。图为英国查理二世肖像的畿尼。

▲ 斯托庄园位于英国白金汉郡，是一个著名的皇家花园、植物园（称为斯托园林），1990年起正式向公众开放。图为斯托庄园北大门入口，1750年绘。

物品在拍卖现场予以出售。

这样的拍卖像革命一样，是一次十足的平均分配。它允许平民百姓参观以前的官邸，并鼓励他们对贵族长年累月收集的财产和艺术品进行评估，还可以参加报价。白金汉郡公爵财产的拍卖使这片土地上最高层和最低层的人们都卷了进去，也许是维多利亚皇后和艾伯特亲王驾临斯托庄园的缘故，使事情更加一发不可收拾。当时为了迎接皇后陛下和亲王殿下的驾到，在建筑工程和装饰工程上耗资巨大，分摊到贵族头上的费用较少；而稍有经济实力的经营者却承受了极大的负担，有的还为此背上了沉重的债务，给他们的晚辈留下了难以承受的包袱。据说，皇后还没有离开斯托庄园，一些低层官员就已削职为民，并当作男仆予以出售。

▲ 查尔斯·布拉登·沙福克公爵（Charles Brandon, 3rd Duke of Suffolk, 1537～1551年）儿童时代肖像。

售卖斯托庄园的结果，使拍卖业界的两大公司也蒙受连累。佳士得出售了斯托庄园住地的物品，而拍品目录则宣告苏富比将在伦敦总部出售大量珍贵藏书。上层社会的反感情绪与盛大的拍卖现场形成了一种极不协调的气氛，但却引起了民众的兴趣。报纸也进行了炒作。《泰晤士报》报道说：

"在开始拍卖的前一周，英国的民众迎来了一个既令人讨厌、但又有重大历史意义的动人场景。有一片帝王般的宫殿、贵族中最华丽的官邸，被络绎不绝的来访者猛然打开了大门，他们川流不息地从一个房间拥到另一个房间，从一层楼到另一层楼，他们享受不到主人的款待，也不是来对主人的大量艺术珍宝表示殷勤的祝贺；他们是来观看一个古老家族的毁灭，看着这片官邸被打上破坏的记号，看着他们的财产四处流散。那位最高贵又最有权势的亲王、白金汉郡和恰图斯郡的公爵阁下，此刻成了彻底的破产者和绝顶贫穷的人。我们的广告栏已向公众介绍了这份冗长的拍卖清单，这不再是他的财产，包括房地产、动产和事业；而且也不会再传给他的继承人。这是绝无仅有的破坏，公众发出来的呼声是，斯托事件不要再现了，这就是我们所能听到的呼声。参观者的喧嚣声又一次在这里响起，并持续了很久；而明天，拍卖人就要开始拍卖了……，所有的东西都要被卖掉。毁灭性的标价牌到处可见。这个家族的奠基人查尔斯·布拉登·沙福克公爵（上图）的肖像将在第21天第51批的拍品中由霍班主持拍卖。其他先辈的肖像，无论是范戴克、莱利（参见108页上图）、内勒、盖恩斯伯勒，还是雷诺兹，全部都要拍卖，一幅都不剩。"

斯托庄园的拍卖宣告终止时，四十天的拍卖活动也结束，总成交额只有75 562英镑4先令6便士，完全出乎意料。许多非常珍贵的艺术品，在零售商和民众的眼中只不过是一件到处可见的佳作而已。如此好的拍品和如此低的成交价，创英国历史的最低点，也是

◀ 彼得·莱利（Sir Peter Lely，1618~1680年）荷兰血统的著名画家，其作品在17~18世纪极度热门。图为莱利1650年的作品《湖畔家庭两妇人》，现收藏在伦敦泰特美术馆。

拍卖有史以来的最低点。连那些具有历史价值的珍贵藏书，在有计划的拍卖中也显得虎头蛇尾，大多数藏书根本就没有通过公开拍卖出售。有一批古代著作的原稿和未公开的国家级文件等珍藏书籍，经入不敷出的英国博物馆的周旋，秘密地介绍给阿什伯汉伯爵，苏富比最终以8 000英镑的价格与阿什伯汉达成协议。这些拍品立即从装订成册的拍品目录中被删除。

由于命运的安排，斯托庄园猎场守护人的儿子托马斯·伍兹加盟了佳士得拍卖行，并同甘共苦地合作了半个世纪。至今，他的名字还保留在该企业的名称中——佳士得、曼森和伍兹有限公司——以作纪念。在斯托庄园的拍卖中有两幅油画，系弗兰斯·霍斯（下图）所画，一幅是女士肖像，另一幅是男士肖像，当时的成交价分别为7畿尼和10.5畿尼。1899年，这两幅画又重新出现在佳士得的拍品目录中，由伍兹编目，成交价为5 250英镑。

▲ 弗兰斯·霍斯（Frank Hals）的自画像。弗兰斯·霍斯是荷兰黄金时代著名的画家。他以松散的绘画笔墨而著称于世，并将这种风格的绘画艺术引进到荷兰。

108　世界拍卖史

第五节　两大公司进入繁荣昌盛时期

◀1851年5月1日到10月15日，象征工业革命成果大型展览的第一届世界博览会在英国伦敦的海德公园的水晶宫举行（历史上第一次以钢铁、玻璃为材料的超大型建筑），这是第一个国际展览会，世界各国的文化和产业在展览会上亮相。英国维多利亚女皇为展览会的开幕剪彩。

佳士得公司不定期地拍卖大量的绘画，在新闻宣传上独占鳌头。工业革命使大批商人发迹，贸易商们纷纷加入收藏者的行列，又使拍卖公司开始繁荣昌盛。由此，当收藏家埃卡南·比克纳尔1861年去世后，举行的绘画拍卖会上居然竞价激烈，轰动一时。

据一份伦敦当地的报纸报道："上周在伦敦发生了一件事，这就是拍卖比克纳尔的珍藏品。可以毫不夸张地说，在同样的时间、条件下，世界任何国家都不可能产生这样的拍卖效应。这些藏品的总成交额只差几百英镑就可以达到6万英镑。购买这些藏品的人，大部分都是我们自己的画家。这些人是追求时尚的老手，他们对'拉裴尔（下图）、考雷乔斯以及类似品位的作品'崇拜至极，甚至到了志在必得的地步。英国的钱就是要用在英国的艺术品上。"

这次比克纳尔的拍卖会起价很高，然后再在这基础上加价，大家对此很有信心，因为现代流派作品的价格历来如此。随后，佳士得又举行了一次拍卖会，这是出售富商约瑟夫·吉罗特的绘画藏品屋。此人因发明钢模压制机而暴富，之后也在绘画方面进行投资。1872年拍卖时，共有特纳的作品12幅，威廉·霍尔曼·亨特的油画26幅，戴维·考克

▲拉斐尔作品《西斯廷圣母》。

第七章　两大拍卖帝国崛起　　109

▲ 拉斐尔作品《圣乔治与龙》。

▲ 特纳作品《月光下的煤港》。约瑟夫·玛罗德·威廉·特纳（Joseph Mallord William Turner, 1775 年 4 月 23 日~1851 年 12 月 19 日）是英国浪漫主义风景画家，著名的水彩画家和版画家，他的作品对后期的印象派绘画发展有相当大的影响。在 18 世纪历史画为主流的画坛上，他的作品在当时并不受重视，但现代公认他是非常伟大的风景画家。

▲ 威廉·霍尔曼·亨特（William Holman Hunt, 1827 年 4 月 2 日~1910 年 9 月 7 日），作品《雇佣的牧羊人》，英国画家、拉菲尔派兄弟会创始人之一。

斯的画 29 幅，康斯特布尔的画 7 幅，盖恩斯伯勒的画 12 幅。这次拍卖也引起了社会的广泛关注，一份当地报纸报道说：

"到目前为止，还没有哪幅画的成交价能与英国的风景画相比，社会的关注出乎意料，所有的拍卖场地都挤得满满的，还有几百人只得遥远地站立在拍卖师的视线之外。星期六，拍卖开始前，街道上都挤满了四轮马车，人行道上站满了男女老少，他们都在倾听特纳作品成交的实况。拍卖特纳的作品非常顺利，像出售一流的藏品那样，价格不断往上攀升，公众的情绪也随之激昂。"

《伦敦书画报》说：尽管有些喝彩声是为那些作品而叫好，但佳士得的观众们却沉迷于成交的价格。

1876 年，拍卖怀恩·埃利斯的藏品使他们感到洋洋得意。《泰晤士报》说："这种极度兴奋的情绪，在伦顿书画界内极少出现。"这种激情是由盖恩斯伯勒所作的"德文郡的女公爵"一幅画而引起的，当这幅画一上架，就引起了人们的注意，此时，拥挤的大厅里爆发出一阵喝彩声。拍卖人是托马斯·伍兹，他介绍了这幅画的历史及来历，这幅画原属一位女校长，也是一位绘画修复师所有。起拍价是 1 000 畿尼，最后以 10 100 畿尼成交，买受人是阿格纽。这是佳士

110　世界拍卖史

▶ 托马斯·盖恩斯伯勒（Thomas Gainsborough）作品《安德鲁夫妇》。盖恩斯伯勒是英国油画和风景画家，还创造了17世纪优美绝伦的肖像画。他在1740年前往伦敦，在伦敦的这些年研究了17世纪荷兰风景画家的画作。盖恩斯伯勒这个时期的风景画画风揉合了法国与荷兰绘画的风格，可以从其画作中微妙的光影效果，以及自然主义式的细节安排等方面看出来。

得当时拍卖单幅画的最高成交价。

塞缪尔·贝克的接班人、其外甥约翰·苏富比猝死于心脏病之后，接下来由约翰·威尔金逊主持工作。1846年，他接纳爱德华·霍奇作为合伙人，但他们并没有忘记苏富比家族几代人对苏富比公司所做的重大贡献，因此，公司的名称成为苏富比·威尔金逊和霍奇公司。

苏富比公司营业部曾发生一件事，但由于处理妥当，得以避开困境。有一个名叫赖勃瑞·卡拉克西·特拉·索玛亚伯爵的英籍法国人曾多次委托苏富比处理过一系列的书籍，这引起社会的关注和多方的议论。因为，人们认为赖勃瑞在利用可以自由进出法国的合法身份，将法国的藏书通过他进入英国，成为一个转运书籍的驿站。书籍进入英国后，通过拍卖行为其分流剩余的古书，包括稀有的、珍贵的书籍。由于需处理的量日趋增多，以致最后露出马脚。他只得逃离法国，并把大量收集物转移到伦敦。自1849年起，苏富比拍卖行接受书籍拍卖的业务逐渐增多，后由于服务质量甚差，态度傲慢，而于1865年左右结束了书籍拍卖的垄断地位。赖勃瑞曾对苏富比出售委托书籍的成交价不满，而将其告上了大法院（今高等法院的一部）。1869年赖勃瑞死后，总数1 500英镑的诉讼费由威尔金逊垫付。赖勃瑞留下的一些书籍则被威尔金逊扣留，以抵作所欠的诉讼费。但威尔金逊在有生之年内始终未将这批书

▲ 盖恩斯伯勒作品《德文郡的女公爵》。

第七章　两大拍卖帝国崛起

籍出售予以抵款。1894年威尔金逊离世,他的接班人想盘活资金,遂下令处理这批书籍,1895年终于将书全部出售。

19世纪的后半叶,苏富比涉猎高档艺术品拍卖并很快步入轨道。在书籍拍卖的领域里,优秀的书商伯纳德·夸里切加入了苏富比公司,结成同盟。在拍卖场上,夸里切有智有谋,从容地战胜了许多对手。他的顾客大多是富豪收藏家,他的营业额年年都有递增。他所做的一切是为了扩大他的库存资金。夸里切充分利用无限期赊账的优惠条件,勇敢地将拍品以高价收购,这引起了新闻界的注意,并给公司引来了新的业务。高价收购是一种策略,可以使拍卖价格和拍卖时间有机地结合在一起,就供需双方来说都是有利的。这种有机结合在当时确实难以置信,但事实的确如此,给拍卖人和书商的发展创造了有利条件。

▲ 伦敦著名书商伯纳德印刷的图书之一(1868年),如今的欧美国家图书馆都可以检索到伯纳德印刷或出版的精美图书。

苏富比公司的爱德华·霍奇主动让位于他的儿子汤姆,年轻的汤姆·霍奇虽没有先辈们创业时的辉煌业绩,但他脚踏实地做了他应做的事。由于他的勤奋和超人的工作能力,使他始终如一地牢牢控制着这个企业。他为公司的发展做了大量的工作,并为企业的创收打下了扎实和牢固的基础。在汤姆的领导下,虽书籍拍卖仍是该公司的主要业务,但同时在古钱币、雕刻(或版画)、瓷器和古玩等方面举办了大量的拍卖活动。

19世纪末,佳士得和苏富比都稳步进入了繁荣昌盛的时期,当时,两家公司的经营状况蒸蒸日上,不仅以良好的状态冲向20世纪,而且还继续为富豪和有名望的人士主持拍卖,成为高档艺术品的供应者。

▲ 1852年,法国德鲁奥(Derout)国家艺术品拍卖行在巴黎成立,德鲁奥由法国政府有关部门管理和经营,是法国规模最大的拍卖行。无论是文物艺术品,还是珠宝首饰、书籍、家具,都在其经营范围之内。图为德鲁奥举办首次拍卖会的场面。(早期绘画作品)

第八章

战争乌云笼罩下的拍卖业

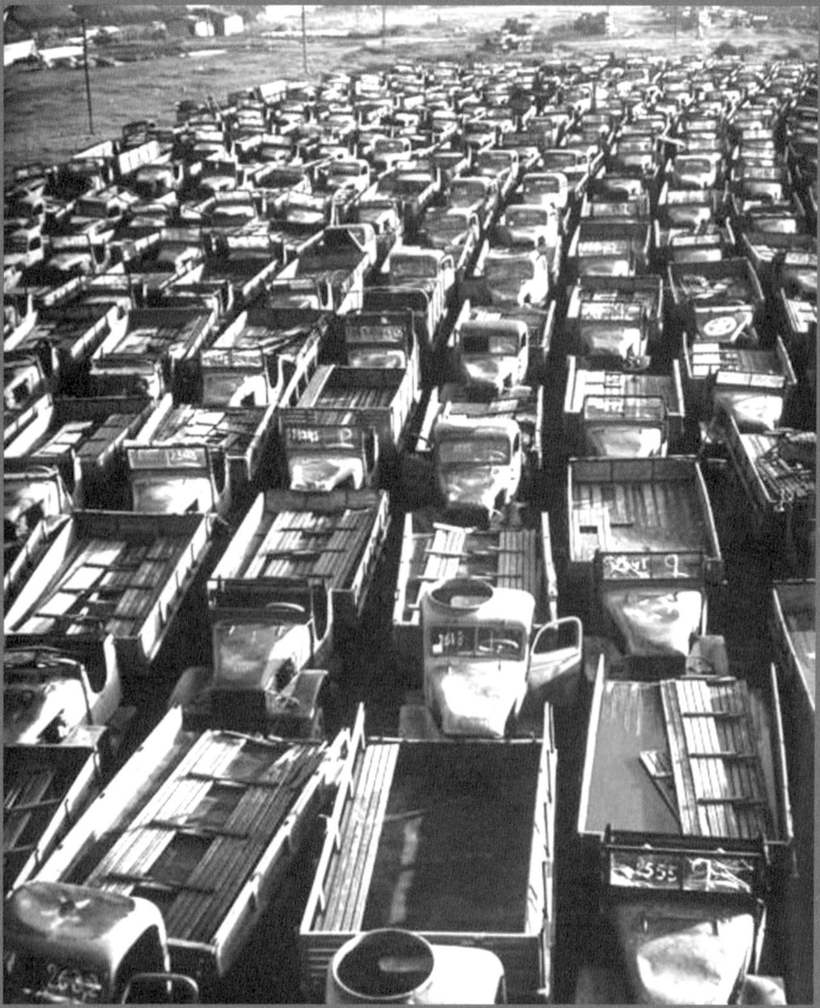

▲ 皇家艺术学院（Courtauld Institute of Art）是伦敦大学一个专门研究艺术史的自治学院，是世界上最优秀的艺术史教学中心，也是英国唯一的一个可授予最高5级当代艺术史系证书的研究机构。联合王国拍卖学院的成立借助了皇家艺术学院的名望和师资。

20世纪到来时，全世界以拍卖方式出售各种货物的人数，以及从事这种销售工作的拍卖队伍非常庞大，仅英格兰一岛，领取许可证的拍卖商多达60 000余人。伦敦已稳固地建立起艺术品拍卖市场。作为拍卖行业的一个重要组成部分——联合王国拍卖学院——创建于1886年。但1900~1950年期间的拍卖行业犹如经济领域的地雷区，危机四伏，随时都有惨遭覆灭的可能。竞争者为了摆脱两次世界大战和一次经济衰退的阴影，努力在物质和经济方面经受住难忘的考验，以便在困境中抓住机遇。

▲ 皇家艺术学院的设计者威廉·钱伯斯（Sir William Chambers，1723~1796年）是一名苏格兰建筑设计师，他曾受雇于瑞典东印度公司，多次到中国研究中国的建筑、装饰学。

第八章 战争乌云笼罩下的拍卖业 | 115

第一节　佳士得临危受命红十字会

▲ 1914年6月28日上午9点，塞尔维亚青年普林西普（当时仅19岁）在萨拉热窝刺杀主张吞并塞尔维亚的奥匈帝国皇储斐迪南大公夫妇。这一事件被称为萨拉热窝事件，被认为是第一次世界大战的导火线。这幅绘画作品描绘了斐迪南大公夫妇被行刺的场景。

▲ 红十字会负责人查尔斯·罗塞尔爵士（Sir Charles Russell,1863~1928年）。罗塞尔爵士在几所大学受过良好的教育。1859年，他被林肯律师学院接纳，表现卓越，在英国司法界享有盛名。

　　1914年，第一次世界大战爆发（左图），战事暴雨骤风般地席卷欧洲，拍卖活动只得全部中止。整个战争年代，虽然拍卖活动还在勉强维持，但门可罗雀，业务主要是由破产强制拍卖支撑场面。1915~1918年间，最著名的拍卖活动是红十字会拍卖活动，由佳士得公司承办。由于战争爆发，很多人无法寄赠现款，只能以实物进行捐赠，因此选定佳士得公司为该会处理这些赠品。红十字会组成了一个由查尔斯·罗塞尔先生（右图）领导的13人委员会来处理各种收藏品，国王和皇后带头捐赠，并通过新闻媒体发出呼吁。

　　呼吁书发出后，捐赠品陆续运来，其中最重要的一批是一份1867年的拍卖目录及目

◀ 阿斯特拉迪瓦里家庭制作的乐器,世界上堪称一流,"斯特拉迪瓦里"已成为音乐大师高级乐器制作的代名词,被视为最优秀的代表。

录所列的部分物品。第一次拍卖活动持续了12天。在成交的拍品中,有一支国王提供的17世纪制造的轮子锁定式运动枪,以36 010英镑成交;匹克威克的五页手稿,卖得450英镑;一只斯特拉迪瓦里(Stradivarius)小提琴(上图)由沃纳夫人购买,成交价2 500英镑,沃纳夫人随即又将小提琴献出,在拍卖会上再次出售,多卖了1 400英镑。先前在庞奇出版的一部汤森德(Townsend)卡通片,由红十字会买下,赠送给佳士得公司作为这次拍卖会的纪念品。在12天的售卖活动,由于各方面的努力,总成交额逾37 000英镑。

1916年,红十字会决定举行第二次拍卖活动,这给拍卖商出了一道难题。此时,佳士得公司的员工早已筋疲力尽,无力安排编制拍品目录。红十字会决定由他们自己将所有物品集中并予保管,然后根据不同品种的物品由若干专业委员会分别编制目录。每一个专业委员会由一个主席担任领导,但主席必须是拍卖工作的行家。全部过程结束后,各专业委员会将各自负责的售

◀ 匹克威克的五页手稿卖得450英镑。

第八章　战争乌云笼罩下的拍卖业　　117

▲ 英国红十字会主办的慈善拍卖会拍品：在美国出生的英国漫画家和作家弗洛伦斯·凯特·厄普顿（Florence Kate Upton，1873～1922年）最著名的作品"怪物系列儿童书籍"，本图为经典作品之一"黑面木偶"。

卖目录集中在一起，组合成一份汇总表。

这种操作程序涉及拍卖工作的专业问题，佳士得公司坚持登记造册在先，以确保编目的正确性。同时指出，要将每个捐赠者的姓名等简要说明一并列入拍品目录。因此，各专业委员会要根据已有资料，查清捐赠人姓名、正确拼写每个捐赠人的称谓。编目工作看似简单，但实际情况是要在规定的时间内处理几千种资料，这是一项巨大的工程。

从经济学角度来讲，拍卖活动的规模如此之大，组织工作是异常复杂的，能正常操作确属不易，这种规模的拍卖史无前例。为了支持这次捐赠活动，国王捐出了一块中国的刺绣精品；王后献出的是一付手镯；法国政府捐赠了塞富勒瓷器。庞奇版的另一部汤森德(Townsend)卡通片提供拍卖后，由一名红十字委员会会员所购。1916年拍卖活动的总收入接近64 000英镑，这为1917年举行的第

▲ 英国红十字会主办的慈善拍卖会拍品：法国赠送的塞富勒瓷器。

三次拍卖活动奠定了基础。

1917年,第三次慈善拍卖按计划进行,当时佳士得公司的员工被大量裁减,而且操作排印的工作人员及印刷用纸亦严重不足。红十字委员会认真考虑了这些情况后,提出最大限度地限制入编目录的数量,只有价值很高的物品才编入目录并予以展示,目的是尽可能地减少工作量。事实上入编项目的数量很难控制,因此,这种打算最终并未奏效。

这次拍卖的物品是优质银器,有单柄大酒杯、大壶、高脚杯以及一只精致的乔治一世贮酒器。这只贮酒器的成交价是 1 995 英镑。其余拍品还有:油画原作、手稿,以及由漫画家佛罗伦斯·凯特·厄普顿提供的黑面木偶,这些木偶也以 1 995 英镑成交。沃纳夫人再次在购买中起了重要作用。为了一幅英国画家佛雷里克德·沃克所画的"北斗七星"(The Plough)油画,在漫长的竞价过程中沃纳夫人与莫兰·阿格纽先生展开了拉锯战。油画的主人阿格纽先生一心想将此画献给国家,因此,想出了一个两全其美的主意,先将此画交拍卖行登记出售,然后自己参加竞买,将拍卖所得捐赠红十字会,而拍品则献给国家。沃纳夫人最终以 5 670 英镑成交,获得了胜利,但她立即将此画献赠给国家美术馆。对此,有关人员包括阿格纽先生在内都感到非常满意,因为这也是他的本意。第三次拍卖成交总额突破了 71 000 英镑,全部捐赠给中央战俘基金管理机构。

◀ 英国红十字会主办的慈善拍卖会拍品:英国乔治一世时代的酒器。

第八章　战争乌云笼罩下的拍卖业　　119

第二节　皇室成员支助慈善拍卖

◀ 马克·比尔博姆(Max Beerbohm,1872~1956年)英国著名评论家、漫画家,擅长打油诗和漫画。这幅比尔博姆的漫画是德国出生的英国印象派画家沃特·理查德·西科（Walter Richard Sickert）为其所作,描绘其在名利场中的形象。英国红十字会主办的慈善拍卖会拍品之一。

第四次红十字会拍卖活动始于1918年4月8日星期一,胜于以往各届的拍卖活动。拍品达2 948组,数量惊人,活动持续了16天。第一天是珠宝饰物的拍卖,一整天的成交额3 500英镑。国王捐出了加拿大温莎(Windsor)藏书楼的一套图片收藏品,很多买受人仿效沃纳夫人,成交之后又立即将拍品捐献给国家。

英国著名漫画家马克·比尔博姆现场挥笔,画了一幅义卖景观的漫画,卖给出价最高的竞买人。作品完成前,就被沃纳夫人买进,并送给拍卖工作人员作纪念。第四次拍卖成交总额达150 000英镑。连续四届拍卖活动的累计金额超过322 000英镑。一份第四次拍品目录,经所有捐赠人及货主签名后,作为最后一件拍品出售,卖得了650英镑。捐助人将这份拍卖纪念品送给佳士得公司,作为著名系列拍卖活动的永久性纪念。

然而,对佳士得公司及红十字基金会来说,由红十字会亲自组织的四次拍卖活动,并非整个义卖活动的全部内容,其他机构也举办了类似义卖活动,同样也是将义卖所得捐赠给红十字基金会。首次活动是由英国皇家水彩画协会举办,义卖成交额超过2 000英镑,但是更重要和有趣的是,1918年及1919年举行了号称"珍珠拍卖"及"金银器拍卖"的义卖活动。

对于这些拍卖活动以及由此引发出的事件,H.C.马里利奥所著的《佳士得公司》一书有详细的描述:1918年,有人考虑将收藏品进行拍卖,委员会意欲将珍珠串成一条项链,结果是收集的珍珠太多,足以制成两根项链,成交价2 000英镑。这次珍珠项链拍卖成功激发了进一步收集珍珠的兴趣,以便串出一根最大的红十字项链,卖得的金额转赠给伤病员。在维多利亚公主(H.R.H Princess Victoria)的主持下,由子爵夫人诺思·克利夫及霍尔太太出任正副主席,组建一个专门委员会来进行筹划。于是,她们通过广告宣传向全世界进行呼吁,并取得了很大成功。她们收到珍珠多达 4 000 粒,可以做很多条项链,超过了原有的设想,显然可以增加预计的收入。

最初,红十字会想通过发行巨额彩票或发行奖券的方法卖掉这些项链。但是这个建议激怒了反投机的同行朋友,使之发出了强烈的反对声。雷斯多恩勋爵在上院辩论时,试图以战时慈善事业是一种短期行为为由,证明发行彩票具有合法性;但坎特伯雷大主教竭力否认发行彩票的合法性。因此,彩票方案终告失败,珍珠移交给佳士得公司进行拍卖。佳士得公司在出售珍珠项链时得到了富商们的善意协助,成交额是 83 638 英镑。卡林顿先生购买了 101 批号的拍品,这是一只嵌有一颗大钻石的珍珠别针,成交额为 22 000 英镑。

与红十字会有关的第七次亦是最后一次拍卖活动,是由著名鉴赏家、造币厂

▲ 英国皇室维多利亚公主亲自出面为慈善拍卖主持了一个专门委员会。

◀ 英国坎特博雷大主教(Archbishop Canterbury,左)在辩论会上反对为了慈善而发行彩票。

第八章 战争乌云笼罩下的拍卖业 | 121

▶伊丽莎白·阿斯奎尔小姐（Miss Elizabeth Asquith），组织了一个收藏品征集小组，征集各种零星纪念品作为慈善捐赠人的赠品。（绘画）

厂长和英国银行总裁等资助下组织起来的金银饰品拍卖会。红十字会的伊丽莎白·阿斯奎斯小姐组织了一个收藏品委员会，征集各种零星金质或银质饰品以及餐具等作为这次拍卖会的捐赠纪念品。在许多贵重的捐赠品中，有一只银制嵌金的单柄大酒杯，由国王提供，底价1000英镑。这些捐赠品集中后送往位于新邦德大街的专卖店出售。正当热火朝天筹备拍卖活动时，由于停战签字而宣告中止。准备成立的专卖店当即关闭，已征集的物品总计121件，部分饰品移交佳士得公司拍卖，得现金2 385英镑。

据统计，从1915年2月至1919年3月举行的七次拍卖活动中，总成交额已增长到413 406英镑，全部交红十字会及圣约翰（St.John）医院，作为联合基金的津贴。然而，正如预测的那样，除义卖外，战争年代对于绝大多数的拍卖商来说，绝对是一种经济灾难，艺术品拍卖行受灾最甚，伦敦四大拍卖行的储备金只够维持到战争的结束，许多地方的拍卖行被迫进行偿债拍卖，几万名有执照的拍卖商干脆关店大吉。

◀英国红十字会用于慈善救灾的包裹。

122　世界拍卖史

第三节　两大公司酝酿合并失败

▶英国马丁四兄弟的陶器工艺在伦敦极受推崇，他们的艺术品有很好的装饰效果，被认为融合了维多利亚时代的风格和20世纪的英格兰风格。马丁兄弟的这件鸟型陶器作品，收藏于英格兰西南部城市切尔腾纳姆艺术馆。

20世纪20年代后，拍品价格处于低迷状态，但制作精良、稀有珍贵的拍品却出现极高的拍卖价格记录，这对商界及收藏家来说，无疑是一种机遇。英国作家弗兰克·赫尔曼在他所著的书中列举了好几个例子，并列入1922年版的销售商品目录中：一支17世纪意大利来复枪，枪托镶嵌了鼠李（一种植物）及珍珠母，原价1 910英镑——成交价5 500英镑；两支带弹盒的左轮手枪，17世纪后半期价格为135英镑，成交价30 000英镑；有一套151件的马丁陶器（上图）收藏品，"花瓶的造型几乎都是仿制植物的形态，颜色丰富多彩，色泽美丽而和谐，涂有斑纹状釉彩，并且都有署名及日期"。收藏品存放在两只柜子内，当时标价达260英镑。

20年代后期，商业复苏，许多经纪人都将财产交给佳士得公司或苏富比公司由其负责出售。拍卖商的竞争趋于激烈，引起了两家拍卖行的竞争，只要某富翁或知名人士死亡后，他们就会争先恐后地去争取拍卖权，协助处置这笔遗产。

英国其他地区的拍品也经常会运到伦敦组织出售，有时委托方案已经决定，但为了防止出现侵权，会故意将地方的拍卖商请来参加这种售卖活动，这是当时社会上的一种倾向。因为伦敦的拍卖行正把垄断作为他们的基本政策，他们不希望其他地方的拍卖商

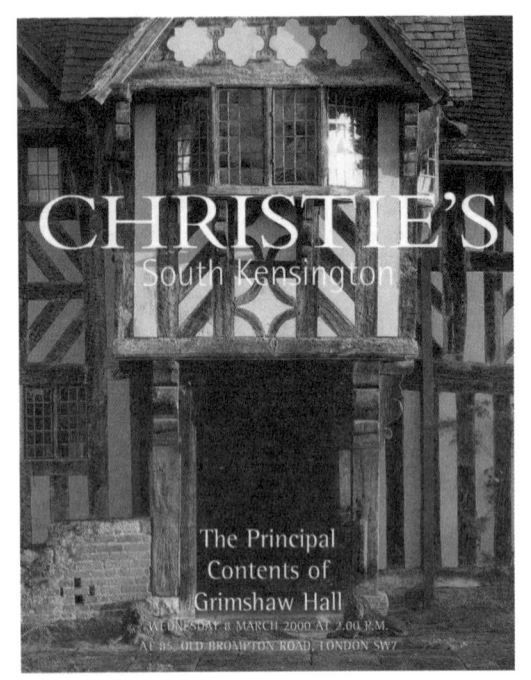

▲ 佳士得公司的房产拍卖目录（广告）。

▲ 收藏家奥顿·梅辛的藏书极其罕见、珍贵。

幸存下来与他们争夺市场。1925～1929年间是经商的黄金时代，但事与愿违，从拍卖的突然兴起到开始下滑是极具戏剧性的发展，这种发展是不以人们的意志为转移的。

美国华尔街的经济崩溃及英国出现的经济萧条，给佳士得公司带来了猛烈的打击，原先的盈利大户一夜之间出现了亏损。而苏富比则比佳士得要幸运得多。至此，按信誉进行排列，出现了苏富比第一，佳士得第二。20世纪30年代引人注目的事件，乃是两大拍卖商之间有可能实行合并，这原先被认为是一件不可思议的事，顷刻间提上了议事日程。目的很清楚，合作并不是为了节省一些广告费用，而是情况确实非常严峻。

两个企业命运的转变引人注目，它们的财务账目说明，1931年及1932年佳士得公司出现小额亏损，而苏富比公司则略有盈利；1933年佳士得公司的亏损额超过8 000英镑，而苏富比公司的利润大约为13 000英镑。

截至1934年，当准备合并时，会计师们已分析了所有的数据，一个新公司即将建立。佳士得停业的前提是，苏富比进行扩编，接纳佳士得的员工。新公司计划产生9名董事，5名来自苏富比，4名来自佳士得，沃尔出任董事会主席。但最终因利润的分配而未达成合并协议，谈判宣告失败。

然而，任凭情况多变，不管经济形势如何跌宕不定，艺术品却成为拍卖舞台上一枝奇葩，成为衡量拍卖行实力的一个重要组成部分。因此，报刊评论员则严密注视并不断搜寻伦敦世界艺术品拍卖市场的领头羊。《泰晤士报》的评论说：这是一种象征，欧洲大陆的收藏家认为，伦敦是世界艺术品拍卖市场的霸主。巴黎，柏林的艺术品价格虽然

◀ 收藏家奥顿·梅辛的藏书中带插图的图书。

涨得很高,但还比不上伦敦,伦敦一贯保持着良好的人气。

1936年底,这个报导第一次刊出后才几个星期,就证明了这种论述的正确性。苏富比公司接受拍卖已故奥顿·梅辛的珍贵藏书(奥顿自己也是一位荷兰阿姆斯特丹的著名拍卖商),委托人最后决定将藏书放在伦敦出售,这象征着伦敦拍卖市场具有重要的地位。尽管荷兰在17、18世纪早以拍卖书籍著称,其书籍拍卖的历史并不亚于英国。

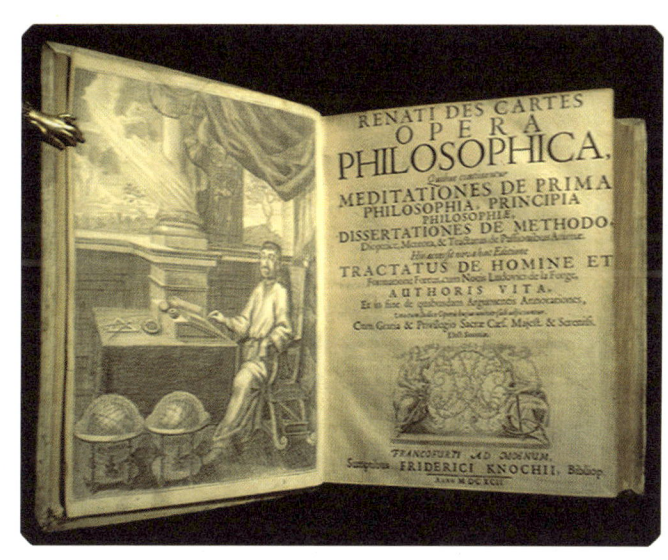

▶ 奥顿·梅辛收藏书籍的品味极高,在他的收藏品中,主要是绝版书和珍稀版本图书。

第八章　战争乌云笼罩下的拍卖业　125

第四节　拍卖公司相互扶持渡难关

▲ 第二次世界大战（油画）中的盟军飞行大队。

1939年夏末，战火再次蔓延到欧洲国家的首都街头，炮火过早地向菲利普斯拍卖公司袭来，当时是7月，邦德大街的房屋被炸，这是该公司自1797年以来一直使用的老楼。公司很快迁至布兰斯多克宫，由于搬迁，影响了一次拍卖活动。在德国人的军事威逼下，艺术品拍卖价格再度下滑，拍卖市场逐渐变得支离破碎，化为瓦砾。英、法、德、美四国首都的艺术品拍卖市场状况也不尽如人意，巴黎是唯一保持完整的市场，但由于法国的不抵抗政策，市场也变得软弱无力。伦敦和柏林的市场由于德国空军和英国皇家空军相互交战，也日趋衰退。只有纽约市场还在艰难地支撑着。

杰罗姆·克恩是一位流行音乐作曲家，他还是一位书籍大收藏家，尤其以收藏18及19世纪英国文学著称。1929年，克恩的藏书在纽约安德森美术陈列室公开出售，在华尔街经济崩溃之前，然而，表面上经济有所复苏，但价格还是戏剧性地下跌。拍卖场上的成交价格竟然成为一个天文数，以致一个观察员写下了这样一段话：

这次拍卖是非常具有戏剧性的

▲ 菲利普斯拍卖行（Phillips de Pury & Company）成立于1796年，主营业务是拍卖艺术品，并在纽约、伦敦、日内瓦、柏林、布鲁塞尔、洛杉矶、米兰、慕尼黑和巴黎设有分部。菲利普斯还以私人协约方式销售或提供艺术咨询服务，包括建立私人收藏。菲利普斯在2001年被伯汉姆斯购买，更名伯汉姆斯。菲利普斯的大楼当年也在邦德大街。

事件，由于受好几年前书价的影响，也可能由于所处的时期不同，因此，高得令人难以置信，拍卖所得的总数达173万美元。同样使人惊叹不已的是，克恩将拍卖所得全部投资于暴涨的债券市场。仅短短的几个月，他将所有投资全部蚀光。几乎还没有从经济困境中复苏过来，欧洲再度陷入了战争状态。即使是离大屠杀那么遥远的美国，拍卖活动也不正常，主要是拍卖生活必需品，而不是艺术天堂里的奢侈品。

在伦敦及英国各省，拍卖行经营的是遗留业务，由留下的工作人员进行操作。当时的拍卖毫无乐趣可言，大部分业务是由资深股东来主持，因为这些人的年龄已超过征兵范围，不需上前线服役。这对苏富比公司及佳士得公司来说，又是一次考虑合并的机遇。统计数据再一次被翻出来进行仔细推敲，再一

▲ 杰罗姆·大卫·科恩（Jerome David Kern，1885~1945年）是美国流行音乐作曲家，一生写了大约700首歌曲。1929年，在爵士乐鼎盛时期，克恩在纽约安德森画廊拍卖了他收集十多年的英美文学经典作品，这些丰富的作品包括18和19世纪作家的手稿资料、刻版等，极其珍贵，拍卖成交额达172.9万美元，刷新了珍稀版本书籍拍卖记录。

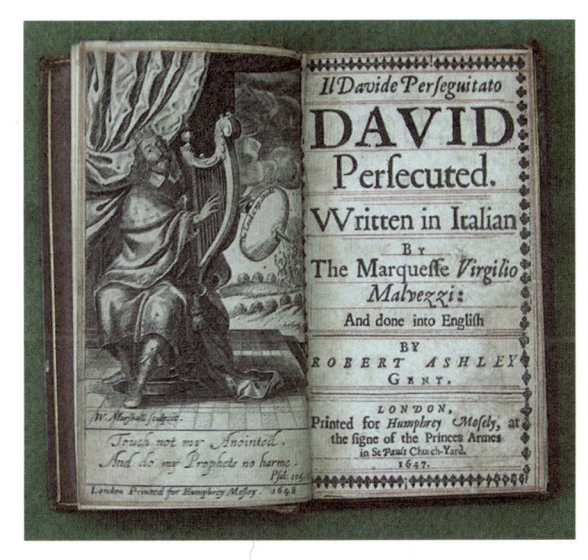

▲ 科恩的收藏品，17世纪伦敦出版的书籍。

▲ 科恩的收藏品手稿

第八章　战争乌云笼罩下的拍卖业

次同意将邦德街的房屋卖掉，新公司计划建在国王大街，合并从 1940 年 10 月开始。但最终又一次告吹，毫无结果。两家公司继续各自奋发前进，在管辖区内仍各自聘用原来的警卫人员。

然而，两家公司曾作出过一项特殊协议，双方承诺，当任何一方遭到空袭而蒙受损失时，另一方将向受害方提供相应的膳宿。1941 年，佳士得遭到空中打击、大楼被毁时，苏富比公司立即提供援助。但由于当地政府已向佳士得提供了临时性安置，因此，佳士得公司只得迁至牛津街后面的德比勋爵的房屋内作为战时的临时经营场所。

伦敦地区的另外一家拍卖行伯汉姆斯，战前由于它在牛津街的房屋租借期已满，搬迁至伯林顿大街。搬迁不到 10 天，希特勒的轰炸机不但把伯林顿大街的房屋炸毁，而且将其在惠特菲尔德大街的备用房屋也炸成一片瓦砾，公司不得不再一次进行迁移。公司在纽曼大街渡过了最后的战争年月。拍卖业务

▲ 伯汉姆斯（Bonhams）是一家私人拥有的英国拍卖行，成立于 1793 年。目前，该公司每年大约举办 700 场次拍卖。伯汉姆斯公司总部坐落在伦敦新邦德街，在美国和澳大利亚设有分公司。1999 年，伯汉姆斯新设立汽车部，与汽车拍卖师布鲁克斯进行合作。2001 年，接管了英国菲利普斯公司并将其改组，主要业务部门留在美国。2002 年，伯汉姆斯收购了美国巴特菲尔德拍卖行，并改用美国"伯汉姆斯与巴特菲尔德"拍卖行名称。2005 年 10 月，伯汉姆斯购回 49.9% 的法国奢侈品巨头路易·威登股份后，成为一家完全独立的私人公司。图为 21 世纪的伯汉姆斯拍卖行。

◀ 二战刚刚结束时的伦敦国王大街。

由伦纳德·伯汉姆斯的妹妹海伦·伯汉姆斯操作,她记得,即使在纽曼大街,德国人的炮火也纠缠着他们。

她讲述了拍卖会上炸弹呼啸的情况:我是在讲台上,与我们一起工作多年的刘赛先生,站在办公桌旁。我们听到了发出嗡嗡声的炸弹自远处飞来,只有刘赛先生和我仍直挺挺地站着,因为我们挤不出去。其余人都钻到了桌子或家具底下,此时,连一个人影都看不到,呼啸声消失后,人们的脑袋又露了出来,有些人还在抖动着脑袋,掸掉头上的灰尘;另外一些人显得心有余悸,神色恐惧,而我们则仍安然无恙地瘫坐在椅子上。

▲ 第二次世界大战给拍卖行业带来了灾难,时局不稳,无人顾及收藏,商业活动萧条,偶尔的拍卖活动因场地等原因也因陋就简。这幅漫画虽笔触寥寥,但是生动地描绘了当时伦敦街头的拍卖场景。

战争一结束,佳士得公司就动工整修被毁的大楼,因为只有他们在国王大街的沿街建筑幸免于难,为了保持建筑的原有面貌,只得在被毁的墙面上将砖一块一块地拆下。对大拍卖商来说,宁可多花些时间做整修,而不希望贪快推倒重建。1945~1950年期间的拍卖价格,特别是贵重艺术品的价格,一般要跌到50年前的水平,拍卖市场发展缓慢。

第八章　战争乌云笼罩下的拍卖业

第五节　战争物资处置提供良机

▲ 第二次世界大战结束后,战争剩余物资数量惊人,尤其是各种军用车辆(包括新的、旧的和报废的)占地面积大,亟待处理。

▲ 各种军用剩余物资仓库遍地,每天的拍卖会吸引了许多商人前来淘金。

　　商场如战场,战争摧毁正常的市场秩序,这对某些人来说却是发财的良机,在某些特殊领域内这种情况更甚。拍卖商在两次世界大战后遇到了这种千年难逢的赚钱机会,有些幸运的商人在很短的时间内成为暴发户,专业人士戏称:拍卖圈内人士的财运与现代股票经纪人的发迹相比大同小异,只是小巫见大巫而已。

　　第二次世界大战后,英国伦敦拍卖的物资基本上全是战争剩余物资,价值数十亿英镑的军用库存物资亟待快速处理。这种拍卖经常是在室外,或在机场、工厂以及遍布全国的库房内进行操作。很多大省份的拍卖商也都全力以赴地协助售卖,尽管对当时拍卖活动的文字记载甚少,但对往事的回忆已经成为民间传说,那些亲身

▲ 战争剩余物资:军用马匹的拍卖会也让专业拍卖商忙得不亦乐乎。

130　世界拍卖史

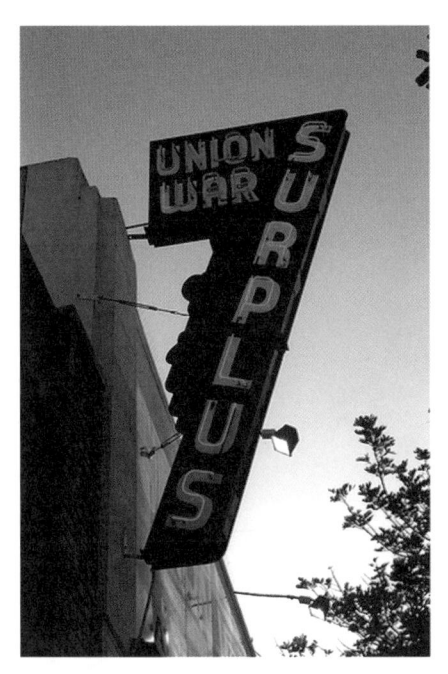

▲ 建筑物上，战后军用物资大拍卖的广告牌比比皆是。

经历的人以讲故事的形式传给后人，有些故事现在听来简直令人难以置信。

第二次世界大战结束时，伦敦的政府安置部决定用拍卖方式出售战时库存剩余物资，小到短统袜，大到飞机，无所不有，全都存放在各种给养仓库里，这种仓库遍及英国各地，甚至海外的基地也有这种仓库。被指定去做销售工作的人，大部分是地方上的拍卖商。他们以前只有处理畜牧、农机、土地及土地附着物的经验，面对如此庞大数量的高科技设备及补给品，他们操作上的困难程度和工作量之大可想而知。

货物的品种如此繁多，数量又大，拍卖商无法向买家提出一份准确的明细表。他们只能列出一些品名，但涉及数量时，只能笼统地说有一批货物。例"一批自行车"；"5 000只行军床分十批出售，每批500只，售价便宜"等。成千双高统皮靴和鞋子，还有军用毛毯、几百吨航空无线电备件，都是批量出售，每批数量大得惊人，以致价格便宜得令人无法相信，只有那些备有宽敞库房的商贩才敢斗胆参加竞买。

拍卖场上的竞买人有回收废品的商贩、纺织品商人、伦敦及其他大城市的无线电商和电气商，还有来自航空工业的顾客。他们具有处理第一次世界大战剩余物资的经验，并懂得交易中的诀窍。一般物资在拍卖前一天进行预展，贵重物品展示期两天。预展后，商人们在附近旅馆的休息室内召集会议，并指定一个主席负责竞买活动，有意者在会上明确表态对哪些货物感兴趣，然后，选出三个成员参加拍卖会的竞价。

在斯塔福特拍卖场，有一批数量很大的钢制空投食品缸，这些缸是一种容器，在向欧洲占领区军队及抵抗人员空投补给品时使用。这些缸约6英尺长，分成两半，用螺栓予以连接。一个当地商人找到了一个窍门，拆除螺栓将容器分成两半，然后卖给农民改做牲畜的饲料槽。竞买的结果比他预料的要好得多，当缸子打开时，发

◀ 面对成千上万辆摩托车，拍卖商只能笔录登记后，论堆拍卖。

第八章 战争乌云笼罩下的拍卖业 | 131

现每只缸内放着一只新型高质量收音机及其备品。几天内,他被国内各地的商人所包围,大家急于互相抬价,以求得到这些一流的高级收音机。

那个顾客还详细叙述了这些类似故事。某年2月,天气特别恶劣,很多物品散放在露天。由于天气原因,很少有人到斯塔福特参加竞买,然而他则决定作一次艰苦的旅行,因为拍品目录中有450只汽缸套,那是他专项售卖的商品。到了拍卖现场,他连货物都没有看,就以120英镑买下了这批货物。他自信,450只缸套绝对可以脱手,每只还有10英镑的丰厚利润。

当乡村拍卖商步履艰难地徘徊在田野四周,为争取50万条女紧身裤的拍卖权到处奔走时,而苏富比的彼得·威尔逊则在纽约想要兼并帕克-伯内特公司。早在1947年他就代表苏富比公司开始与帕克-伯内特进行谈判,但未获成功。然而,收买公司的谈判来得这样早,正表明苏富比公司已经看到了艺术品拍卖市场的绝好前景。

1949年7月,百年来束缚拍卖商的清规戒律被废除了。英国1845年的《拍卖法案》对拍卖人申请许可证作了许多强制性的规定;而1949年的《财政法案》对此予以废除。当时,任何人都可能成为拍卖商,而很多人也领到了执照。

当20世纪走过其一半历程时,世界各地在瓜分拍卖市场。欧洲几个首都的情况是:伦敦正在进行拍卖行的排名之争,且充满信心争做第一;柏林由于政治原因一分为二而退出竞争;巴黎的德鲁奥以苏富比和佳士得为榜样,称雄法国的艺术品市场……尽管纽约有机会能成为艺术品拍卖市场的排头兵,但抢占市场的速度太慢,当伦敦的拍卖名次之争告一段落时,纽约的艺术品市场却未能观察到迹象,痛失了良机。在世界艺术品拍卖市场,常胜将军很少见。

▲ 战争剩余物资:美神维纳斯像和军服挤满了库房。

▲ 战争剩余物资:等待拍卖的船舶一排排停在码头。

世界拍卖史

第九章

20 世纪后半叶的拍卖业

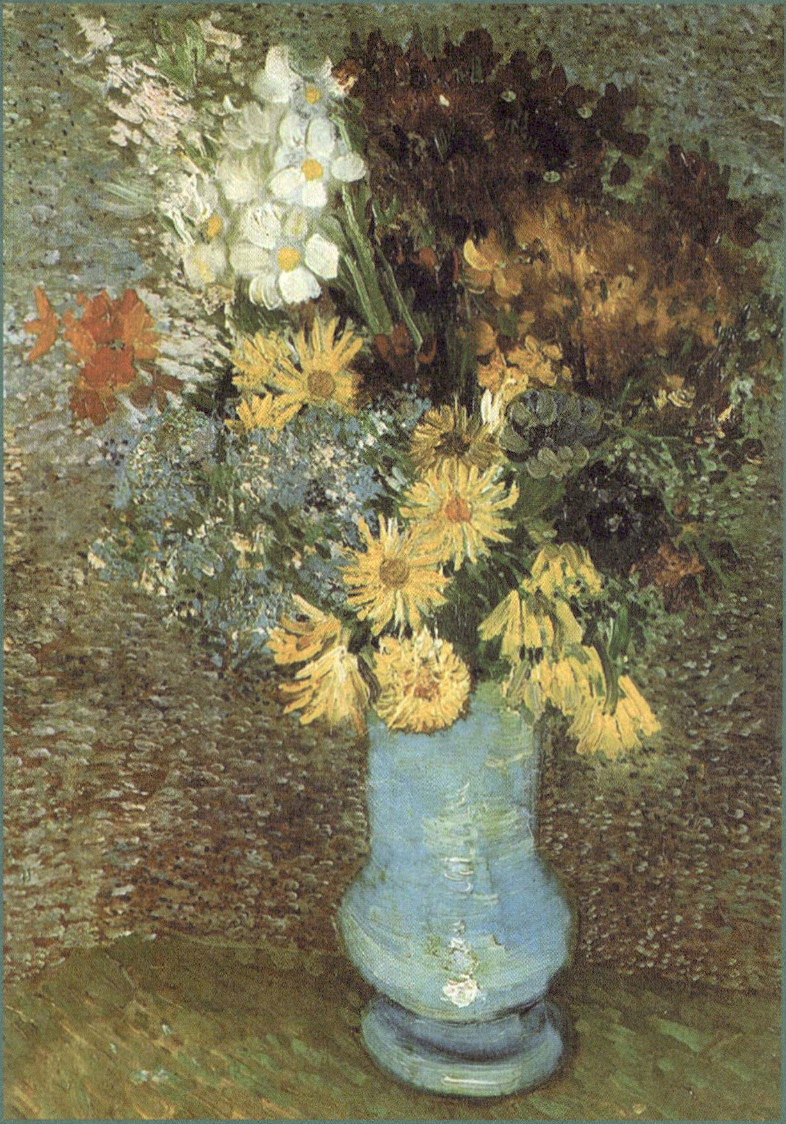

20世纪60年代，大拍卖行的拍卖师们播下了艺术品拍卖的种子，经过几十年的耕耘，精美的艺术品开始支撑着拍卖舞台。艺术品拍卖市场好像是一块涂有奶油的蛋糕，随着时光的推移，蛋糕上的奶油逐渐增厚。苏富比和佳士得都期望囊括整块蛋糕，只让其他拍卖行分享残屑。

第一节 伦敦成为艺术品交易中心

▲ 伦敦国王大街的佳士得公司总部。（绘画）

拍卖行业迎来大好形势借助于三大因素，第一个因素是快速成长的艺术品市场。战争从人们的记忆中逐渐消失，取而代之的感觉是，原子弹既然可以有效地结束第二次世界大战，它也可以永远防止另一场战争的发生。科学的进步有助于扩大反战力量，这对新兴工业制造商是有利的，产生的财富要比以往任何时候都多。

正是由于这种新机遇的到来，激发产生了第二种因素。苏富比公司和佳士得公司横渡大西洋，为一个急速萎缩的国际市场上寻找新的国际连接点。伦敦的拍卖行于1947年初对开发本地市场投入了精力，初始阶段虽也受到了挫折，但最终还是得到了应有的回报。

第三种因素是宣传效应。野心勃勃的伦敦拍卖商发现了一种意想不到的宣传效果。工业技术飞速发展，产生了众多高效宣传区。小小的屏幕受到人们的偏爱，使商业电视得到快速发展，业务与效益俱增，媒体向拍卖行提供了很多机遇。由于接触了众多宣传界人士，有机会发展与新闻界及电视台的特殊关系，为拍卖业创造了今天所见的相得益彰的局面。

1957年，苏富比公司举办了一次集三大因素为一体的新型拍卖活动，将苏富比公司及拍卖会场引入到一个万人注目的轨道。一支由彼特·威尔逊领导的高级"远征军"来到纽约银行家威廉姆·韦伯家中，对韦伯收集的一批印象派油画、素描和雕塑等藏品进行鉴定。结果，威尔逊说服了韦伯，由苏富比对这批藏品进行拍卖。

▶ 美国银行家威廉姆·韦伯的收藏兴趣是 19 世纪法国艺术家的作品。图为法国画家乔治－皮埃尔·索拉特（Georges-Pierre Seurat，1859～1891 年）的作品《圆形剧场》。

报界公开宣称，这是一项史无前例的拍卖活动，而佳士得公司则认为这是一项无利可图的买卖。可以肯定的一点是，就拍卖活动而言，制作的宣传品无论对伦敦拍卖行还是对英国以及对今后国际性的艺术品销售活动都具有一定的指导意义。苏富比公司独具慧眼，委托广告机构，要求其加强拍卖宣传的力度，并做好与公众的联系。他们还异乎寻常地向白金汉宫发出了观展邀请函。拍卖前一天，女王偕菲利普亲王及玛格丽特公主到邦德大街参观画展，皇室成员由安东尼·布伦特陪同巡视，然后观看了女王的图画藏品。皇室家庭对本次拍卖会的关心，为拍卖前期准备工作带来了至高无上的光荣。

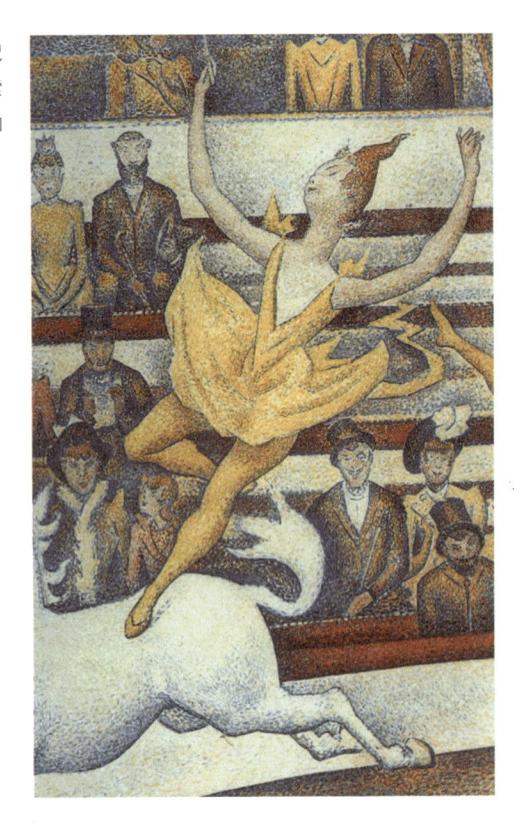

◀ 皇室成员参观拍卖品展览在当时是最大的新闻，比拍卖会本身更具热点。近五十年来，国家首脑看拍卖会的情况已经屡见不鲜。图为英国女王伊丽莎白二世和丈夫菲利普亲王。

拍卖前五个星期开始了宣传活动，召开了一次盛大的记者招待会。独家报导的宣传范围一直扩展到法国、意大利、德国和荷兰的一些省份，美国新闻社当然也热情地予以注视。加拿大、澳大利亚及新西兰的电视节目，将这次拍卖活动分成两种形式播放，全景片定格在拍卖活动的精彩部分，而闭路电视则首次将拥挤的主会场转播至两个分室，以供观众收看。

由于这样一批重要的珍品将转移到伦敦来进行拍卖，因此几乎所有报纸对其重要

世界拍卖史

▶皇室成员安东尼·布伦特(Anthony Frederick Blunt,1907~1983年)是高级维多利亚勋爵士,英国艺术史史学家、教授,英国皇家艺术学院董事,也是一个著名的艺术评论家。

意义都有评论。美国《基督教科学箴言报》简述道:"伦敦已成为艺术品拍卖市场的中心。"而《星期日时报》指出,美国许多珍藏品实际上都来自欧洲,尤其是从荷兰收集来的。收藏品中包括索拉特(Seurat)和狄加斯(Degas)的绘画和素描;多米亚(Daumier)的青铜器艺术品,还有一组凡高(Van Gogh)的油画、素描和水彩画。

很多报纸在估测这次拍卖的成果,其中有些报刊对这次拍卖会是否能按正常程序进行操作予以关注。《时代周刊》教育版强调,为了广大民众的利益,希望有些画能放进博物馆珍藏;英国《格拉斯哥先驱报》专辟一块栏目,对韦伯艺术品拍卖期间的参考资料进行评论,并列出了参与拍卖报道的一大串报刊名单,其中有《金融时报》、《纽约时报》、《新闻摘要》、《拳击报》、《华盛顿邮报》、《费加罗时报》、《伯明翰邮报》、《星期日时报》和《每日电讯》等报刊。伦敦的英国广播公司、华盛顿的哥伦比亚广播公司都在电台节目中多次播放。

在宣传媒体的关注下,这场拍卖会自始至终显得生机勃勃,并取得了很大的成功。

第九章 20世纪后半叶的拍卖业

◀ 法国画家多米亚（Honoré Daumier，1808～1879年），擅长版画、漫画。图为作品《工作室里的艺术家和鉴赏家》。

《泰晤士报》在报道中作了如下总结：拍卖当日，不论是富庶地区还是贫困地区的有识之士都聚集在苏富比公司的拍卖大厅里。由于出席的人数太多，只得分成三个厅通过闭路电视进行同步拍卖。欧洲或跨越大西洋的商人及收藏家济济一堂，其中有罗思柴尔德亲王与夫人巴伦·伊利，还有一批非同寻常的竞买人。拍卖会圆满结束，总成交额为326 520英磅。这是一个令人难忘的时刻，因为伦敦与纽约在势均力敌的情况下，证明伦敦确已成为大西洋两岸高级艺术作品的交易中心。

◀ 荷兰画家凡高（1853年3月30日～1890年7月29日），后期印象画派代表人物，是19世纪人类最杰出的艺术家之一。他广泛学习前辈画家伦勃朗等人的基础上，吸收印象派画家在色彩方面的经验，形成了自己独特的艺术风格，创作出许多洋溢着生活激情、富于人道主义精神的作品，表现了他心中的苦闷、哀伤、同情和希望，至今饮誉世界。图为凡高的作品《奥威尔教堂》。

第二节　目录体现拍卖行专业水准

► 专业的拍卖行通常有一系列约定俗成的交易规则来保护拍卖会上各方当事人的权益。图为苏富比拍卖会现场。

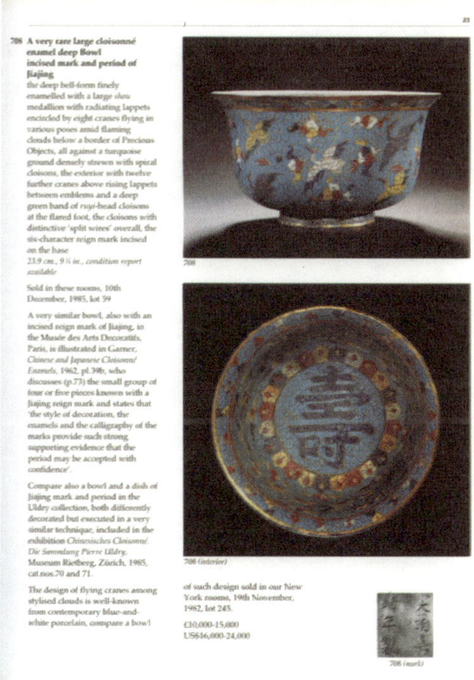

艺术品的真伪是一个讨论不败的话题，专家的鉴定只是一种学识上的意见，而意见和学识不是一成不变的，可能会随着地理和人文的变化而变化。要想请一个不偏不倚的专家来对拍品进行鉴定，那只是拍卖行管理制度上的一种设想，当然也可能是某些人的一种骗术。在20世纪，油画是伦敦、纽约的拍卖会上最畅销的艺术品，经常有出人意外、引人注目的效果，这是在拍卖行业内公认的事实。从古代名画到抽象派作品，拍卖油画已经成为拍卖业成长发展的一个重要

◄ 拍卖公司按照惯例对每一场拍卖会编制目录（图录），每一件拍品都有自己独立的编号，对拍卖品作比较详细的文字表述，内容包括：拍卖品名称；制作者、制作者身份、艺术经历；制作日期；拍卖品尺寸、质地（构成材料）以及专家意见等。

第九章　20世纪后半叶的拍卖业　139

◀ 许多收藏家愿意和大牌的拍卖公司打交道，因为大公司有非常专业的艺术品修复专家，一些保护、保养不当的艺术品尤其是油画、古典家具等，经修复后往往会有突出的市场表现。

因素，但也是一个是非之地。

任何专家在进入这块领地时，都必须十分谨慎。商业上有个专用名词叫"差价"。一幅未署名的油画和一幅虽未署名、但却是名画家的作品，其差价可以是一个天文数字。用常规术语来编制图录，不仅可以被伦敦的苏富比、佳士得拍卖行所采纳，而且也会被绝大多数的拍卖同行所推崇使用。专业的标准用语一方面表达了专家想法，另一方面，当竞买人感到疑惑时，会给予一些帮助。

佳士得公司的南坎辛顿拍卖行出版的拍卖图录中对油画作品的描述通常采用如下规则：1.当标有艺术家完整的教名和姓氏时，表示这幅作品确系这位艺术家所作；2.当艺术家的教名和姓氏用简写字母时，表示这幅作品的年代并无争议，但并不确认是这位艺术家所作。采用标准用语，是佳士得公司以及伦敦、纽约许多大拍卖行图录中的常用语，一直沿用至今。大多数小拍卖行在编制图录时容易忽视这种标准用语，使竞买人在判断拍品等级时出现错误。由于拍卖行在图录中没有将作者的姓名抄写完整，或

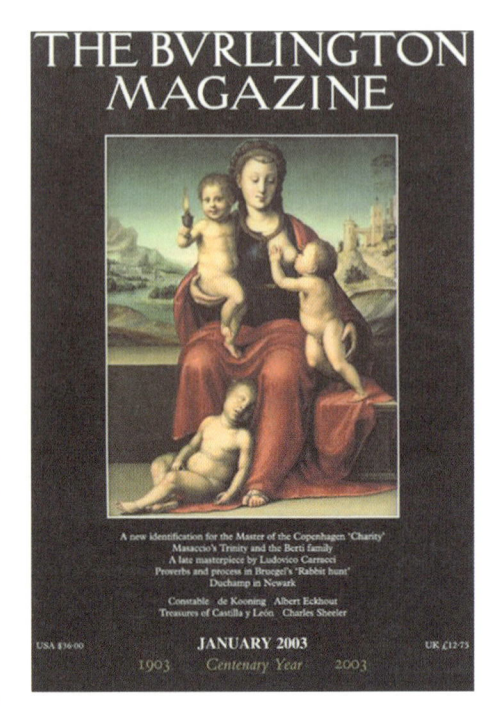

▲ 许多大公司会提供一些艺术品修复的专业性杂志，供客户参考。

140　世界拍卖史

▲ 安东尼·范戴克·科普利·菲尔丁（Anthony Vandyke Copley Fielding，1787~1855年），通常称为科普利·菲尔丁，是出生在英国的画家，擅长水彩风景画。

▲ 画框与绘画的吻合十分重要，包括年代、画家的艺术风格等。

只写姓氏而没有写教名，使竞买人对拍品的可靠性始终持怀疑态度。如果能对作品作简要的叙述，并在图录上署上作者的教名和姓氏，将作品以艺术家的名字来命名，表示拍卖人对该作品承担一定的责任。这不仅能引起拍卖人对这件物品的注意，而且使竞买人对作品的可靠性增加了信心。

然而，就大拍卖行而言，为了使拍品能有一个合理的价格，他们希望有关专家在每幅作品中提供完整的图录并尽可能地在编制说明中予以详细介绍，即使对未署名的作品也应如此，这是最重要的一项工作。因为专家的评定可以刺激委托方把拍品归入名家的作品行列，而不是将作品降低等级列入另册。竞买人在阅读图录的编制说明时，必然会注意倾听专家的意见，专家进行评估时也会注意反面的意见，对此，拍卖人是有充分的思想准备的。

由于法律条文不够明确，给专家鉴定带来"可乘之隙"，悲剧由此发生了。当然，由于工作中的失误出现一定百分率的错误也在所难免。有一次，一位画商由专家陪同买下两幅水彩画。其中一幅是1914~1918年间一名陆军军官的肖像，而另一幅是模仿19世纪艺术家科普利·菲尔丁（上图）的风格的英国山水风景画。这两幅画来自同一个拍卖源,同样的框架,两幅画都没有署名。画商对那幅风景画的印象非常之深,他想将其送到伦敦去估价,而同时放弃肖像画。他拆下肖像画画框装在山水画上送到拍卖行。出人意料的是,结果那幅肖像画被伦敦一家大拍卖行收下,编目是"安东尼·范戴克·科普利·菲尔丁",并顺利成交,山水画却无人问津。

伦敦的电视系列节目曾在绘画鉴赏节目中播放一幅威尼斯风景画,专家认为是爱德华·普里切特所作。这是一幅艺术家们熟悉的油画,并具有详尽的编目介绍,计划在伦敦某拍卖行出售。此后,一位观众也提供了一幅与此相同的油画,准备在同一家高级拍卖行的油画拍卖专场出售,而且也有详尽的编目。电视台一共播放三次,而高潮出现在第三次,因为三幅相同的油画同时出现在屏幕上,一张紧挨着一张。在同一时间内播放全部相同的作品,这对外行来说,也看得出其中肯定有假。因为,同一个艺术家不可能在同时创作三幅完全相同的油画。很明显,拍卖行把赝品也编进了图录。按照编目规则,至少有两幅油画的画框中应该用作者教名的缩写字母,指明哪幅油画是仿制品。

这些例子表明,误编图录的情况时有发生,而且要比想象中的错误多得多。可是在很多场合下,这种错误可能永远不会被人所知,也不需要对此承担责任。所以,那些大拍卖行显然不愿意让他们的专家在众目睽睽的场合下做鉴定。

拍卖会的当事人尤其是竞买人非常关心图录说明的准确性,因为这些说明代表了专家的意见和建议。竞买人在参加价值较高的拍品买卖时,多数比较相信拍卖行对拍品的介绍。即使是价值稍低的艺术品,一旦成交就意味着大量的现金进出,就有可能会造成惨重的损失。从逻辑学得出的结论是,编制目录的专业水准会潜移默化地损害整个艺术品拍卖市场的基础,而且由于涉及太多、太大的经济利益,更助长了这种依赖性。

▶ 在伦敦规模比较大的拍卖公司,专家通常会向客人讲解当代油画艺术品流行趋势和艺术家的绘画风格,而对已经过世画家的作品则会重点作一些市场行情方面的分析。

第三节 艺术市场争夺战风起云涌

韦伯藏品的拍卖使苏富比公司积累了许多有关组织国际综合性拍卖活动的经验,因此,在以后的几年里,这类艺术品源源不断地来到伦敦。佳士得必须背水一战。1958年,佳士得公司改组,并且更换了董事会主席。新官上任,就决定重新装修办公楼;邀请收藏家、博物馆长、新闻工作者以及政治家聚餐;长期在纽约设置代理,给人以国际业务正在增长的印象。佳士得公司跨进了国际竞赛场,开始与他们的主要竞争对手进行角逐。

在大西洋彼岸,有一家名为帕克-伯内特拍卖行位于纽约麦迪逊大街。1947年以来,苏富比公司一直

▲ 帕克-伯内特是一家美术馆,也是一家拍卖行,坐落在纽约麦迪逊大街980号。

◀ 帕克-伯内特在专题拍卖方面享有盛名,许多美国知名企业家和富翁是那里的常客,辛塔是美术馆的幸运之神。奥斯卡·本杰明·辛塔(Oscar Benjamin Cintas,1887～1957年)是古巴杰出的制糖业、铁路系统的巨头,1932～1934任古巴驻美大使。辛塔还是古巴著名的藏书家,珍藏有许多名人手稿。本图是辛塔(手拿目录者与经纪人交谈)在帕克-伯内特美术馆拍卖会上竞买林肯在葛底斯堡的演说稿的现场镜头(辛塔这幅照片于1949年由摄影师阿尔弗雷德拍摄)。

第九章　20世纪后半叶的拍卖业

◀ 伦勃朗的重要作品《亚里士多德与荷马半身像》

◀ 伦勃朗1634年所作典型的肖像画作品《妇女》。

◀ 伦勃朗作品《风暴中的单桅船》。

把帕克—伯内特作为它猎取的对象。苏富比公司还对纽约市的其他拍卖行予以关注,虎视眈眈,伺机进行兼并。苏富比公司多数人主张兼并小企业,但有人认为,最好是从零开始在纽约重新开设一家拍卖行,与美国拍卖行直接进行竞争。

1961年11月,兼并的希望已经破灭。因为,帕克—伯内特针对当时形势,企图说服埃里克森夫人的财产执行人(埃里克森夫人的藏品中有传奇画家伦勃朗的《亚里士多德与荷马半身像》),使他们相信帕克—伯内特是拍卖珍贵藏品的最好场所,以揽得拍卖权。苏富比及佳士得公司的代表为争取拍卖权也频频到纽约,同埃里克森夫人的财产执行人进行谈判。最终,苏富比公司成功地从帕克—伯内特手中夺到了拍卖权。

拍卖会于1961年11月15日在纽约举行,成交总额467 925美元。拍卖后,帕克—伯内特公司董事会主席莱斯利·海厄姆表示:坦率地说,我们就是要想取得这次拍卖权。这是一场硬仗,是一场较量。我们的竞争对手得到了埃里克森夫人的拍卖委托，在今后的五年内他们就会占尽优势。今后我们当然也可以参加公开竞争，但这种"公开"已经飞到海外，给对方占据了天时地利的优势。我认为，这种结果证实了我们所处的地位，那就是世界上最富有的国家美利坚合众国，在竞争的条件下无法限制人们的购买权。

帕克—伯内特同苏富比、佳士得两大拍卖公司的市场争夺由来已久。1949年，帕克—伯内特投下巨资接收了麦迪逊大街980号的大楼，伦敦的拍卖商表面上开展了同美国的业务竞争，实际上是在同帕克—伯内特争夺美国的拍卖市场。他们与帕克—伯内特的莱斯利·海厄姆展开了一场舌战，一方面炫耀自己的优势，而另一方面则丑化对方的劣势。

佳士得的约翰·赫伯特声称，毋庸置疑，"伦敦绝对是世界拍卖市场的中心"。他还强调说，拍卖的成果来自"专业知识和拍卖机构的专家们已积累了150年的经验"，这是无可争辩的事实。伦敦的佣金"约为美国或法国所收佣金的一半……，纽约的营业税3%，还有几类物品需缴纳10%的联邦税，因此，物资在伦敦拍卖是最合算的……"。

苏富比在这次活动中也发挥了作用，彼得·威尔逊特意介绍说，近几年，最值钱的油画都是委托苏富比公司进行拍卖的，并提请物主注意，"超过100英镑以上的艺术品进入英国时，不征收进口税；对于书籍和图画则不拘年份，进口时全部免税。以拍卖形式成交的物品，政府免税，免缴其他税费。从美国出境，免缴出口税"。"伦敦可以确定任何形式的货款结算方式，不拘形式，绝不拖延；可以根据客户要求，用任何币制结算，包括美元或英国货币。"

海厄姆为帕克—伯内特及美国艺术品市场进行反驳，其论点非常简单："所谓卖主可以在伦敦卖到高价位艺术品的论点，纯属英国的宣传伎俩。我们这里提供的是一流服务，而且是全心全意为美国买家服务。"事实上不论是在伦敦还是在纽约，艺术品的拍卖都是靠媒体的宣传，这是吃小亏占大便宜，拍卖行的经营手段都是靠宣传效应来进行辐射。拍卖成交量中，大部分是低档物品，而这些低档货物是靠有效宣传才能出售的。海厄姆确实没有轻视这些"小不点"，他们

◀ 旧书店是旧书拍卖业繁荣的基础，书店老板常常成了拍卖行的委托人。

第九章　20世纪后半叶的拍卖业

常以外国旅游收藏家的名义参观某些小国的拍卖会。

苏富比拿到了埃里克森夫人的艺术品拍卖权后，迅速巩固他们在世界上的领先地位。1964年8月，广泛而公开的舌战仍在继续，各方都通过媒体进行大量而周期性的攻击。苏富比公司于1964年7月5日通过《星期日电讯》发表文章，内容如下："苏富比公司在艺术品拍卖中以良好的业绩打击了厚颜无耻擅长吹牛的美国竞争对手。在成交100万英镑后，苏富比积极筹备并成功地拍卖了从美国送来的艺术品，一个季度的成交额就超过帕克—伯内特的年度成交额。帕克—伯内特年成交额约为380万英镑；而苏富比公司则是1300万英镑。"

由于苏富比兼并帕克—伯内特的计划落空，导致伦敦各大拍卖行第二年就在纽约建立他们自己的办事机构。伦敦这种急功近利的行为，使美国报界神经高度紧张，并履行了予以反击的承诺。

▲ 20世纪中期，印象派画家作品风行伦敦、纽约，几乎占领了拍卖会。（苏富比拍卖会现场绘画作品）

第四节　苏富比"密切合作"方案遭质疑

▲ 门特蒙（Mentmore Towers）坐落在在白金汉郡内，是一幢大型的新文艺复兴时期的英国乡村别墅。20世纪70年代，苏富比第18届拍卖会在此地举行，成交额创了记录。

20世纪70年代，苏富比公司在英国白金汉郡门特蒙举行的室内拍卖会在英国引起了各界的巨大反响，令世人瞩目。这场拍卖会成交总额破记录，达到639万英镑。门特蒙拍卖会将永远留在人们的记忆中，因为这是一次完全公开的活动，不仅是拍卖公开，而且是执行公开。拍卖前，执行人和环保部之间就展开了旷日持久的谈判。门特蒙是一座废弃的维多利亚女王纪念馆，1850年由约瑟夫·帕斯顿爵士所建。谈判中涉及一笔政府代缴的遗产税，遗产按360万英镑征税。在与政府谈判破裂之前，要求苏富比公司将室内物资编制目录，并准备拍卖。1977年1月，环保部决定5月对门特蒙进行拍卖，但未确定底价。拍卖会应在5月30日之前举行，因为5月31日之前，遗产按遗嘱内容评估后协商纳税，6月1日以后，则按实际售卖所得纳税。

▲ 约瑟夫·帕斯顿爵士（1803～1865年）是英国著名的建筑师、园艺师，大名鼎鼎的水晶宫是其最著名的作品，门特蒙出自其手。

第九章　20世纪后半叶的拍卖业

▲ 拍卖门特蒙在国内引起了巨大反响,为拯救英国文化遗产,1977年出版了"为国家保护门特蒙"的小册子。图为小册子的封面。

▲ 埃及狮身人面像塞赫迈特是苏富比的幸运怪兽,早先放在惠灵顿街3号,1917年搬到新邦德街34-35号。

群众抗议政府拍卖门特蒙的活动持续不断,报界以"痛失国宝谁之过"为题进行评论,这对这次的抗议活动无疑是火上加油,因此导致环保部重新考虑是否会委托拍卖。苏富比公司表示,编制目录的费用无足轻重,但决不能功亏一篑。在这关键时刻,政府发言人声明,"从政治和经济的角度考虑",政府不可能将其纳入政府管辖的范畴,不可能由政府来管理门特蒙。这次拍卖按期举行,地点在广场的帐篷内。拍卖采用的是传统的拍卖方式,公众显露出一种严肃的神情,时而为普通的小摆设发疯似地报出几万英镑的价格,所有人在门特蒙拍卖的实践中学习拍卖,也就是说,即使是政府部门对即使打上星号标记的物品也无法确定其价格。

苏富比公司在拍卖中的"强势"地位引人关注,尤其是在与英国铁路养老基金会的"密切合作"披露后,专家们提出了质疑,其中最重要的一点是买主、卖主和中介方的关系问题。苏富比与基金会的"密切合作"(替基金会买进、卖出同一件物品)的行为会侵害其他人的利益吗?答案显然是肯定的,这个问题同样也引起新闻界的重视。苏富比为何如此行事?

英国作家赫尔曼先生在其《苏富比公司》一书中有一段阐述:"苏富比公司为什么要这样做?答案是,苏富比是最著名的艺术品拍卖公司,是一个具有众多专家、营业额最大的国际拍卖公司。事实上,建立庞大而又复杂的部门,其目的是在规定的时间内,鉴定出名画、艺术品是不是真迹,鉴定出古铜器的真伪。'密切合作'期间,苏富比为基金会确定可投资的标的物,制订竞买程序,委派专家安娜玛丽亚·埃德斯汀具体负责。她曾做过几年古玩交易,后又编辑过若干册《艺术品的拍卖》之类的书,这些经历使她具有洞察国际艺术品市场的本领。她完全可以独立完成她的工作,但偶尔也会和其他专家进行研讨。"

▲ 托马斯·菲利浦斯爵士（Sir Thomas Phillips，1792～1872年）是英国古董商和藏书家。19世纪，他倾囊收藏大量的名人手稿、信函，以满足他的收藏癖。他虽然继承了大量财产，但因购买无度陷入债务危机。

"苏富比对价值极高的拍品，严格按照检审程序，与陈列馆展出的相似展品和近期出售的货物进行对比。然后完整地填写接受委托的建议表，填写建议价格的标签，以供基金委员会进行审议。苏富比公司自己拍卖必须经过这些程序，即使对经销商或私人收藏家的拍品也必须严格执行这些程序。苏富比预测，每年可从基金会得到3%的业务量。1974年11月，英国铁路基金会首次购买一本17世纪建筑学的英文版本，此书原系英国斯塔福特的托马斯·温特沃思伯爵所有，后由托马斯·菲利浦爵士（上图）收藏。事有凑巧，因早先无人购买，而市场上收购真迹的人也很少，所以，只得压低价格。有些拍品是在前两年买进，而事隔两、三年再度上市拍卖时，已被看作是廉价物资。英国铁路基金会购买的物品中有些已超过五年，基金会撤销时，已经购买了2 000多件物品，价值4 000万英镑……。基金会经理强调说，他们将对这些物品长期保存，一代人之内不会处理掉一件物品，因为，基金会现有的债务不会再上升，可以平稳地过渡到下个世纪。"

这段简述，既令人放心，又使人对这些物资的处理方法提出了一堆疑问。在叙述其购买理由时，除了列举"著名的拍卖师最多，营业额最大，职员中有大量的专家"等词句，以确保基金会的利益外，并无实质性的内容。苏富比公司就是具有"庞大而复杂的部门"，只要不存在任何偏见，组织机构不会对基金会造成任何损失。因为被指派去管理挑选拍品的人"是完全独立地工作"，只不过有时要同苏富比公司的专家进行研讨。拍品的价格是由苏富比公司的职员在心平气和的情况下与卖主共同协商的结果，然后，再与基金会商讨竞买价。整个过程似乎都在明处，却不免让人心存猜疑。

第九章　20世纪后半叶的拍卖业

整个拍卖程序似乎又回到了 20 世纪初艺术品经销商约瑟夫·杜维恩提出的有争议的论点，这就是买受人与卖主、买受人与中介人之间的关系。受其伙伴贝伦森之托，杜维恩（上图）经常代富豪收藏家出售大件艺术品。他兴致勃勃地跟踪已经出售的油画，当市场上发现这些经他之手出售的艺术品时，他常常会再进行收购，然后再予以出售。这种策略既能使价格趋于稳定，也确保他所售艺术品的质量，但耗资也是惊人的。

杜维恩提出的问题，在 1917 年美国的《税收法》中找到了答案，《税收法》规定，向慈善等机构进行捐赠，可以免税。他说服他的当事人，将全部藏品捐赠给博物馆或资助给开

▲ 约瑟夫·杜维恩爵士（Joseph Duveen, 1st Baron Duveen，1869~1939 年）是那个时代最有影响力的艺术品经纪人。杜维恩很早就参与了古董交易，之后接手高风险但利润丰厚的绘画贸易，他依仗自身良好的条件和敏锐的市场意识，借助专家的力量，他迅速成为一个世界一流的艺术品经纪人。

办的新博物馆，这样既保护了他的声誉，也保证了他银行的存款。这种处理方式令许多人感兴趣，这种举措不但受益于纳税人，而且还得到了社会的公认、公众的赏识。这对杜维恩来说，也是受益匪浅。因为在他有生之年内，没有人对他的鉴定水平提出质疑。当赫尔曼先生评论苏富比公司与英国铁路养老基金这一段关系时，他说："这个冒险的计划是否能达到既定的目的，只有时间才能作出验证。"当然，到了那个时候，大家都会忘得干干净净了。

▲ 杜维恩曾经收藏并出售了达芬奇（da Vinci）的油画《La Belle Ferronnière》，这幅作品现藏于巴黎卢浮宫。

第十章

拍卖行业与商圈丑闻

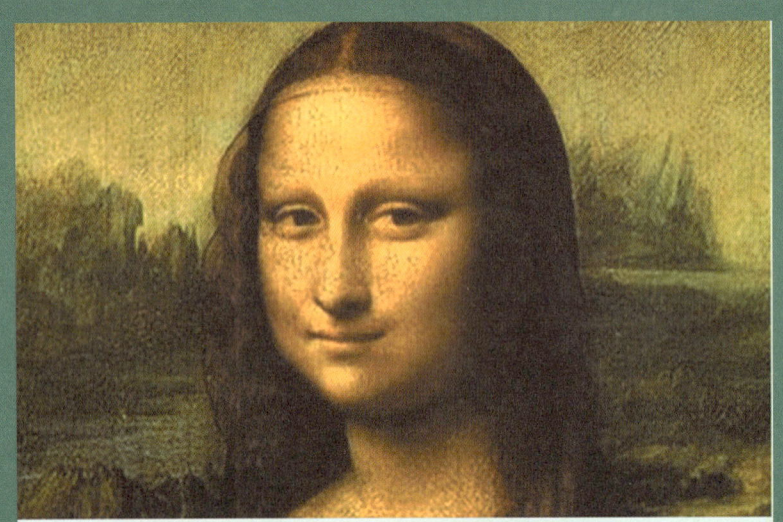

Mona Lisa - Original painted by Leonardo da Vinci, 1521

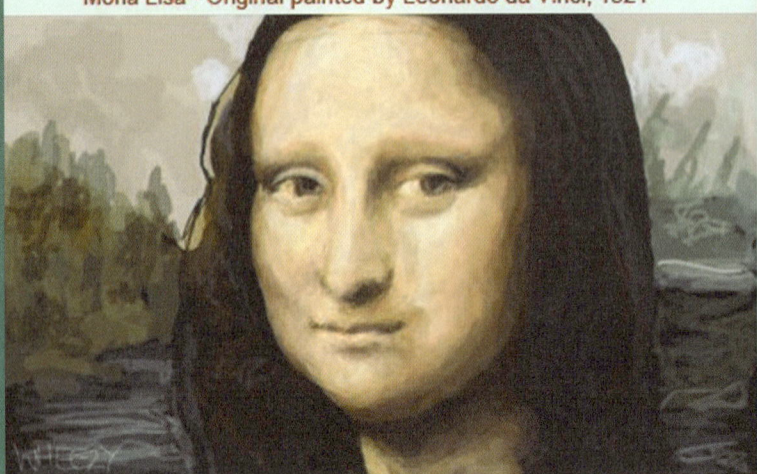

Mona Lisa - forged by Wheezy Bee, 2009
Competition Entry Category: Best Portrait / Face

20世纪以来,拍卖交易已经完全融入市场经济,艺术品拍卖天价成交的场面屡屡被媒体曝光,但是光环下面,媒体对拍卖商的负面报道经常见诸于报端,拍卖活动还不能全部依法运作时,这种指责、谩骂不会停止。总有那么一些人以出售假冒、伪劣商品而获利,也总是有一批人想通过商圈进行压价收购,这些非法活动永远不会自动消失。

第一节　利益"商圈"跻身拍卖市场

▶ 贸易中的讨价还价与"商圈"有异曲同工之妙,商圈的形成与讨价还价密不可分。埃及是世界上最早进行贸易的国家,古埃及是一个著名的贸易中转国家和一个著名的加工业国家,在古埃及的陶器上,经常可看到商业贸易的图案,这个陶器上表现的是商人之间讨价还价的过程。

20世纪,艺术品和古董交易占据着世界拍卖市场的主要部分,因此,直接影响和加剧了"商圈"的活动。古代早有商圈存在,古老的拍卖活动就有成群的商人为了自身的经济利益而组合在一起。拍卖的历史证实,古代的拍卖与现今的拍卖从形式上看并没有太大的差异。罗马拍卖和奴隶交易市场上就有商圈在起作用。

▲ 本图为插图,描绘16世纪的土著人和商人论价的场景。

▶ 中世纪初期,啤酒会在修道院和一些家庭中酿造,但到了中期,一些中世纪公社开始取代发展出私人酿酒工业,每间商店往往聘请8~10人协助酿酒,中世纪没有类似现在的零售商,酿酒人以自家品牌出售酒。本图为插图,描绘中世纪的酒与买酒人侃价。

第十章　拍卖行业与商圈丑闻

英国1927年的《拍卖(竞价)条例》在1928年1月1日正式实施。这项法规在英国是首次以立法的形式，将全国众多拍卖场所商圈瓜分拍卖所得的现象定为非法。在此之前，成群商人运用结伙的方法控制拍卖竞价，不属于非法活动。

什么是商圈？商圈又是怎样活动的？商圈想得到什么，以及为什么必须以立法的形式予以反对？"圈子"是指一群人，他们一般是商人，因此称为商圈。他们为了一个目的而聚集在一起，从中推选某人为他们的代表，按他们所定的利益去竞买集体感兴趣的物品。其作用是减少竞争成分，从而使某件标的物在低价位上成交。随后，他们在商圈成员之间将所购物品予以重新拍卖，瓜分所购商品获得的差价，这是一种最排外的拍卖形式。这种非法行为很难被识破或者取得有力证据，分工明确、密切合作的商圈仍活跃在各地的拍卖舞台，他们的行动计划比过去更周密。

▲ 伊林位于伦敦以西13公里处，面积55.3平方公里，人口约30万。过去很长一段时间为皇家游览区(如贝德福德公园)。图为伊林市政厅。

20世纪70年代，伦敦郊外的伊林地区(上图)每周四总有一些当地古玩商聚集在一家饭店，察看11点即将出售的拍品。他们每人要在这些拍品中确定个人欲购的物品，立即进行汇总，编成一本商圈成员希望得到的货品目录。然后，推选一名或数名成员出面参加竞买。

很明显，这种协约的目的就是要减少竞买对象，也就是压低拍品的价格。为了使这种协约尽可能地得到履行，就必须保证商圈里的每一个人都有自己感兴趣的拍品。如果商圈中有人因某种原因改变初衷而不承担责任时，商圈的任何人都有权进行干预，予以制止。

拍卖开始时，商圈确定购买目标，与此同时积极活动，阻止有人来参加竞争。这个商圈常能买到购货单所列的大部分物品，竞争对手似乎也愿意接受一次次的竞标失败。潜在的买主对商圈的打击屡遭失败后，他们或许觉得参加拍卖会纯粹是浪费时间，那当然是商圈求之不得的胜利。不可否认，商圈下定决

▲ 拍卖之前专家对作品"验明正身"是必经程序。(本图人物与文章内容无关)

世界拍卖史

心，想有计划地廉价买下购物清单所列的大部分拍品，这种竞争也是非常激烈的。商圈成员认为，在经济上暂时作出一些小牺牲，恰似一种投资。当商圈的损失大于利润时，由商圈的成员共同分摊所受损失。通过对每次拍品的案例分析、研究，就可以更好地理解上述观点。

当伊林商圈击败大部分竞争对手，买到了他们想买的物品后，下午三四点钟又在咖啡馆或饭店集中，所有成员都警觉地坐在桌子旁，目的是实施他们计划中的最后一个程序。这个商圈将购买的所有物品摊出来，在所有成员之间再次拍卖。由于事先约定在拍卖会上互不竞价，所购物品肯定都比自己的心理价位要低得多。商圈中每个成员都可以得到自己意想中的物品，但出价必须略高于拍卖会的成交价。若某件物品有几个人争相竞价时，只能通过内部拍卖确定中标人，拍卖时所付的款额与瓜分拍品时所得金额之间的差额，是这个团伙的集体积累资金。

以伊林商圈为例，他们将所得差额资金放在桌子中央。假如物品 A 在拍卖会上所付金额是 50 英镑，在瓜分时，敲定为 70 英镑，差额是 20 英镑，就将这笔 20 英镑现金放在桌子上。所售物品要一件件敲定出售，直到所有拍品在商圈成员中都找到买家为止。每件拍品都有买主，每个商圈成员都有一份当天的购买清单，而留在桌子上的是赢利。若某件物品在拍卖会上购买价高于瓜分时的售卖价，则在内部从低于购买价开始进行竞价，直到内部有竞买的最高报价时为止。若此时最高报价仍低于拍卖会上所购价格时，他们就将实际出售价与拍卖会上的购买价之间的差额，从桌子的现金中予以扣除、冲抵。

尽管偶有不愉快的事发生，但当天瓜分结束时，一个成功的商圈总能积累大量资金供成员之间进行分配。每个商圈的成员可以通过购货清单，精确地计算他们每个人在当天的积累，并可查明集体款额中他所占据的份额。有人偶然进入这个商圈，但瓜分拍品

◀ 买卖是交易，价格是所有人最关心的焦点，反复讨论、洽商是必须的。所谓的讨价还价是另一种决定价格的策略。（本图人物与文章内容无关）

第十章 拍卖行业与商圈丑闻

◀ 商圈的形成使共同利益和个人利益有了融合剂，所有的辩论、攻击都无所谓，唯一的条件是必须赢钱。（本图人物与文章内容无关）

时，又未购买任何物品，他只能因不参与拍卖中的竞买行为而得到一份一次性的收入。这种不参与瓜分拍品的人，通常会遭到其他成员的唾弃。

商圈在操作时，有利可图的做法通常是压低价格，大批商圈无限制地进行活动，对拍卖行会造成严重的后果。拍卖行的功能就是形成价格竞争，某些地区拍卖行若一味让商圈控制价格，他们就会发现佣金在缩减，而卖主也会迅速察觉到拍卖价位达不到原定底价，因此往往将业务转到其他拍卖行去。

1927年的《拍卖（竞价）条例》对卖主和拍卖人提供什么保护呢？该条例指出：经销商在拍卖活动中，以对方放弃报价，或不参加竞价作为条件，向对方或其他人承诺、提供、或馈赠礼品或酬金，不论所售是一般物品或特种商品，这种行为都将构成犯罪，或负有法律责任。凡企图向经销商索取或准备接受或接受这类礼品或酬金时，也都构成犯罪，或负有法律责任。违者处以100英镑的罚金，或六个月的监禁，或两罪并罚。可惜的是，这项法规对商圈的运作并没有什么影响，利益"商圈"与拍卖商的博弈几乎无往而不胜。20世纪50年代后期，各色各样的商圈到处蔓延，伊林"商圈"的活动非常嚣张，当地拍卖行不得不联合上书，要求政府采取行动，修改1927年《拍卖（竞价）条例》。

◀ 拍卖会上，所有的参与者几乎都在云里雾里，被搞得晕头转向，拍卖师在台上使劲吆喝，他心里很清楚谁是真正的买家。拍卖和普通买卖共同的一点是，都有讨价还价的过程，只是表现形式不一样。（本图人物与文章内容无关）

第二节 "杜乔作品"揭露商圈黑幕

◀阿瑟·乔治·尼格斯(Arthur George Negus,1903~1985年)出生于英格兰。他是一名广播学专家、古董鉴赏专家。尼格斯的家庭有很长的经营古董生意的历史,第二次世界大战期间,他是一个空袭警报员,后来加入了布鲁顿·诺尔斯公司,在格洛斯特从事古董以及罚没财产的拍卖,有丰富的古董鉴赏经验。

由于1927年《拍卖(竞价)条例》的局限性,引发了立法上的争论。1968年11月6日,当时的英国贸易部部长安东尼·克罗斯兰德对执行1927年《拍卖(竞价)条例》有关问题在下议院作证时说:有关艺术品贸易的调查研究已经结束,出现的麻烦不是法律上的文字,而是举证困难。

部长的这句话并非空穴来风,一起商圈庆贺阴谋得逞的狂欢丑闻,导致了1969年对法规的修正。故事发生在1967年末,因T.R.布赖德逊先生在英国萨默塞特郡艾德维克庄园死亡一事而引起。布赖德逊先生享年89岁,他的晚年生活与古玩为伴,并对古董作些文字上的补充。布赖德逊亡故后,第一个进入艾德维克庄园的是英国格洛斯特市拍卖行的布鲁顿·诺尔斯,他应邀前来编制拍品目录,随同而来的还有一位是著名的电视专家、该拍卖行的经理阿瑟·尼格斯,他负责拍品的分类。

这次拍卖会于1968年3月举行。随之而来的争论是围绕着一幅名为"15世纪锡耶尼斯学校"的油画而展开的。这幅油画是由拍卖师做出的鉴定。鉴定之前,他们也注意到木板反面注有13世纪意大利大师杜乔的记载。但拍卖行在拍品目录上并未予以注明。

参加拍卖会的人员中不仅有当地的商人和收藏家,还有伦敦贸易界的人士。专程从外地赶来参加竞买的人都对油画产生极大的兴趣。这些参拍人员中有两位资深鉴定专家,尤其擅长于早期意大利的油画。其中一位是伦敦出生的美国人,名叫朱丽

◀杜乔(Duccio di Buoninsegna,约1255~1260年至1318~1319年)是当时最有影响力的意大利艺术家,他出生在托斯卡纳的锡耶纳,喜欢用颜料和鸡蛋青调和作颜料,他画的宗教题材绘画主题非常明了,影响了西蒙、罗伦泽等一批画家。图为杜乔作品之一——《圣母玛利亚和圣子》。

第十章 拍卖行业与商圈丑闻

▲ 图为杜乔作品之二《耶稣和圣徒彼得、安德鲁》。

▲ 朱丽叶斯·韦茨纳（Julius H. Weitzner）出生在纽约，很早就涉足绘画艺术代理和销售，在纽约和伦敦的绘画大师作品圈中是一个著名的人物。韦茨纳艺术鉴赏水准很高，在经营中往往能够挖掘出价格被低估的作品，为同行称道。1971年，韦茨纳在伦敦佳士得以400万美元的价格买下了意大利文艺复兴盛期威尼斯画派的代表性画家提香的作品《雅克图安之死》（本图），不久之后就转卖给保罗盖蒂博物馆，大赚了一笔。

叶斯·韦茨纳，是艺术品商人；另一位是马尔科姆·韦汀哈姆，是伦敦饶有名气的油画鉴赏家。两人都想买到这幅画，而且也知道对方的求购欲望。然而，韦汀哈姆恰好在国外旅游，不能亲自到会竞买。韦汀哈姆后来声称，他已同韦茨纳进入签约阶段，韦茨纳已同意以合伙人的身份联合买下这幅画。

该画1968年3月26日上午以2 700英镑成交。就在韦茨纳买下这幅画之后不久，就有人举报有商圈在操纵。一位艺术精品屋伦敦公司的会计伊恩·尼科尔森以个人名义参加了该场拍卖会，3月26日下午1点15分在一家名为"天堂"的饭店用餐，这家饭店就在布赖德逊先生的艾德维克庄园附近，在饭店里他看到了韦茨纳和一群伦敦商人走了进来，他一眼就认出了他们，意识到他们是一伙的。尼科尔森说，他无意中也跟进了韦茨纳租用的一间房间。那些直接参与这笔交易的商圈成员

▲ 韦茨纳在投资艺术品方面也享有盛名，这幅画是拉斐尔最早的作品之一，是极为罕见的文艺复兴时期的艺术品。此画购入资金来源于夫人南希·苏珊·雷诺兹，萨拉·格雷厄姆·凯南基金会，朱利叶斯·韦茨纳也是投资人之一。

决定瓜分拍品和参加处理善后工作，最终解决问题的方案是朱丽叶斯·韦茨纳以7 000英镑的价格再次买下这幅画，而4 300英镑差额收入用作对卷入这次瓜分活动和共同作

158　世界拍卖史

▶ 伦敦艺术品经纪人公会（The Society of London Art Dealers）成立于1932年，旨在提升伦敦的美术、文物经销商执业水准，该公会创始人由英国艺术市场联盟成员和国际艺术品及古董交易商协会（CINOA）成员组成。CINOA以布鲁塞尔国际联盟为基础，成立于1935年，是全球重要艺术品及古董联盟机构。其成员来自世界范围内21个国家的31个文物艺术品社团、机构。代表大约5 000名艺术品、古董经销商和经纪人。CINOA要求入选会员经过极其严格的艺术鉴赏能力和专业水准的考核。自1976年以来，CINOA每年颁发CINOA奖，以表彰和奖励对推动艺术市场发展做出重大贡献者。图为CINOA协会徽标。

▼ 2006年CINOA（国际艺术品及古董交易商协会）成员年照片。

战成员的回报，其中还包括一位额外的知情人士。

马尔科姆·韦汀哈姆在回家的路上，念念不忘与韦茨纳的合作购买协议，因为他很高兴地得知韦茨纳已经成功地获得该幅油画。但是他后来得知韦茨纳将他与商圈成员相提并论，把他的名字填写在一份合作商人的表格内，感觉到事情有点不对头。他觉得商圈成员在用钱收买他，试图把他拉进商圈。考虑再三，他宣布解除与韦茨纳的私人协议，并否认卷入艾德维克庄园商圈的一切活动。他对外称从未参加过，今后也不会参加商圈的任何活动，他也拒绝接受分赃的钱。韦汀哈姆一系列的活动，揭开了商圈活动的面纱，引起伦敦艺术品商业公会（CINOA）的注意。因为，他们也曾向贸易部打过报告，说有一个商圈正在艾德维克庄园出现，进行活动。

朱丽叶斯·韦茨纳凭自己的眼光确认手中的这幅画确系杜乔所作，他刻不容缓地为这幅画寻找新买主，这幅画最终还是被国家美术馆买了下来，价格是150 000英镑。杜乔的作品"15世纪锡耶尼斯学校"在佳士得拍卖会上以2 700英镑成交，转手给朱丽叶斯·韦茨纳是7 000英镑，韦茨纳转卖给国家美术馆达15万英镑，转手交易中的价格差异问题引起英国下院的极大关注。

"杜乔作品事件"在议院内外引起了广泛而又深入的争论。暴露出来的问题有些已作了回避，有些问题在当时无法进行回答。例如，拍卖行在鉴定该油画、为油画编目时的程序是否合法？是否有一个商圈在进行操纵，若确有商圈在操纵，那么在评估中到底做了些什么？是不是贸易部调查人员故意放慢脚步，从而对商圈失去举报的机会？现在的立法工作是否适应形势的发展，如果不能适应形势的发展，是否需要予以加强，使部分或全部商

第十章 拍卖行业与商圈丑闻

圈尽快落入法网?

对前面两个问题的答案是:第一,没有证据可以证明拍卖行在操作拍卖活动时有任何不良行为,除了与著名专家进行接触外,并未出现任何越轨活动;第二个问题是有证据可以证明,确有一个商圈在活动,至少有两个人准备在报纸或其他刊物上对这种活动发表声明。如果让这件事搁置起来,或将原物主所受损失归罪于不合法的联盟,这是很容易做到的,但结果是将整个事件引向歧途。

调查的结果与事实相吻合:拍卖时以 2 700 英镑买进这幅画后,商圈的成员在同一天的时间里就以 7 000 英镑出售;经过很长一段时间后,国家美术馆以 15 万英镑买下。人们不禁要问:"在最初的拍卖中假如所有竞买人都竞相报价,那么这幅画究竟可以达到什么价位?"答案必然是"价格不会超过瓜分拍品时所开的 7 000 英镑,但比 2 700 英镑要多"。

油画以 15 万英镑卖给国家美术馆这件事更引起了报界和议院的关注。让调查者感到意外的是,公众对韦茨纳以 7 000 英镑买进、卖给国家美术馆时却赚到了 143 000 英镑的指责并不强烈,而对商圈的存在却愤慨万分。最后议员们认为要指控"商圈"缺乏足够的证据,只能将"杜乔作品事件"作为一面镜子,以求修正法律,尽可能地完善拍卖品市场。

在特定环境下的突发事件,尤其是在艺术品交易市场上,只有韦茨纳对这幅画具有独特的见解,其他与韦茨纳同样具有这方面专长的人,为什么没有到拍卖现场?国家美术馆为什么也没有派代表参加这次拍卖会,其他较大的美术馆为什么也没有人去参加竞买?种种现象以及暴露出来的蛛丝马迹让贸易部部长安东尼·克罗斯兰德和司法界人士担忧。

经过多方努力,1968 年末,安东尼·克罗斯兰德成功地在"商圈"中建立了举报奖励制度,制度规定任何成员即使对无足轻重的举报也会予以奖励,以鼓励成员守法经营,惩戒违规者。《星期日泰晤士报》刊登了"杜乔作品事件"的报道后,警方悄悄介入,监视"商圈"头脑和拍卖行,期望在每月一次的分赃会上获取证据。一年后,警方在卡玛逊常青藤皇家

◀ 卡玛逊常青藤皇家饭店(The Ivy Bush Royal Hotel in Carmarthen)曾是瓜分拍品的秘密销赃场所。常青藤皇家饭店有 70 个间舒适的卧房并配有豪华的家具,古典的风格配上现代化的设施使饭店宾客满堂,且常有皇室成员光顾,更受高档休闲游客和商务客人的欢迎。

饭店将瓜分差价的"商圈"团伙一举擒获。

在英国斯旺西刑事法院法庭上,9人被控告有罪,罪名是引诱或接受引诱,或接受酬金而放弃拍卖时的竞价。他们每人被罚款500英镑外加诉讼费,禁止参加拍卖活动。这是第一次世界大战后近50年来首次成功地将商圈推上法庭,提出诉讼。

为了消除虚假拍卖,英国立法界在1969年修改了1927年的《拍卖(竞价)条例》,但是收效甚微,商圈继续在拍卖交易场所繁衍,只是行动更隐秘、手段更巧妙而已。

▲ 斯旺西刑事法院地处英国威尔士南部的斯旺西,法院主要处理一级罪犯,因判决商圈案而提高了知名度。

只要有交易就有商圈的存在,拍卖也不例外。艺术品拍卖商的巨大营业额将继续逐年增长,而受法律控制的拍卖活动,仍然像安东·克罗兰斯德部长所说的那样,很难拿到商圈违法的证据。只要商圈感到风险低于收益的情况下,就会设圈套获取钱财。而且,他们就在拍卖会上、在人们的眼皮底下活动着。

▶ 安东尼·克罗斯兰德(Anthony Crosland)全名是查尔斯·安东尼·瑞文·克罗斯兰德(Charles Anthony Raven Crosland,1918~1977年),他是一名劳动党和社会主义的一个重要理论家。他曾在南格洛斯特郡(South Gloucestershire)和大格里姆斯比郡(Great Grimsby)担任议员。在他漫长的职业生涯,他先后在内阁担任教育和科学部长,贸易部部长等要职。安东尼·克罗斯兰德当时是负责"杜乔作品事件"中的官员,对这个案件暴露出来的"商圈"丑闻深度关注,并全力支持拍卖规则的修改。

第十章 拍卖行业与商圈丑闻 | 161

第三节 "专家鉴定"丑闻遭谴责

在艺术品鉴赏中，即使是对最高权威的鉴定，也会遭到不同意见的评论。从学术角度而言，专家的鉴定结论并不是神圣不可侵犯的，说不定有一天就会把所定的结论全部翻过来。这一事实在艺术品交易中并不少见。

20世纪末，有一位被誉为最高权威的专家"翻船"了。他曾在20世纪初对古代一幅名画作过评论，因为他在进行评论时，考虑到他自身的经济利益，所以使评论的结果明显地缺乏"客观性"，其鉴定结论近年被提出质疑。伯纳德·贝伦森（Bernard Berenson）在当时是一位德高望重的鉴赏家，一本名为《人生，伯纳德·贝伦森》的书问世后，《星期日泰晤士报》应读者的要求，对书中的某些结论进行了调查，并于1980年2月3日就这个问题发表了一整版文章。虽这件事与拍卖行没有直接关系，但伯纳德·贝伦森漫长一生中所作的鉴定意见，已经对拍卖场上的艺术品交易产生了很大的影响。报纸的文章说：

▲ 伯纳德·贝伦森（1865～1959年）是美国的一位艺术史专家，专门研究文艺复兴时期的艺术。他在建立绘画大师艺术品市场方面占据重要地位。

"任何时候，经济上的压力，伴随着经济上的诱惑，可以在最高权威身上产生作用。在过去的几个星期内，伯纳德的信誉遭到了严厉的打击。一本传记声称，伯纳德在书中对某件作品的评论过于'热情'，对这些作品的包装行为极度宽容，期望它们继而升值。而在鉴定其他作品时，则怀疑真正的作者，人为地对作品进行贬值性评论，如将珍品改为一般作品，使买受人得益，而伯纳德则共享了由此产生差额利润。这些指责在艺术界、收藏界引起了一场风暴。"

伯纳德对艺术品拍卖的最后几份鉴定，一直放在纽约大主教的棺木旁，葬在纽约博物馆底层的墓穴里。当时有一个艺术品商人，即前文提及的约瑟夫·杜维恩，听信伯纳德的意

▶ 杜维恩出生于贵族,却是 20 世纪最有权势的艺术品经纪人之一,有关他的故事经常见诸于报端。

见而进行交易。他们共事了三十二年,他们之间所写的书信全部保存在墓穴里,保存期到 2002 年。当这些资料披露后,信件、电报和数以千计的详细账单,使这个世纪级最大的艺术品交易活动放射出了令人惊讶的光芒,这些资料毫无保留地揭露了许多有关伯纳德的生活,一旦将这些资料收集进他的传记中,那将是一本"丑闻录"。

《星期日泰晤士报》的文章还报道了伯纳德和杜维恩合伙经营时的经济状况,以及经营一些知名油画的细节,包括股东分红的原始记录、伯纳德的鉴定意见和现在专家对此的意见。专家认为:在伯纳德和杜维恩(上图)合伙经营的许多交易中,降低了古代名家作品的品位,低买高卖多幅作品。第一幅是《圣母与圣子》(下图)。1907 年伯纳德鉴定此画的意见是"好像完全是由维罗丘的助手所画",1922 年被伯纳德和杜维恩以 12000 英镑买进,1924 年以 33 000 英镑转手给收藏家本杰明·奥特曼。出售这幅作品时,伯纳德却鉴定为"这是一幅维罗丘的早

▶ 安德烈亚·维罗丘(Andrea del Verrocchio,1435~1488 年)的作品《圣母与圣子》,1470 年作,藏于纽约大都会艺术博物馆。安德烈亚·维罗丘是意大利雕刻家,画家。生于佛罗伦萨,卒于威尼斯。从学习金银工艺进入艺坛,又吸收吉贝尔蒂和多纳太罗的艺术精华,并培养了许多美术人才,达·芬奇即其学生。他的绘画作品传世较少,最有名的是与达·芬奇合作的《基督受洗》,画面上两个主要人物均出自他手。

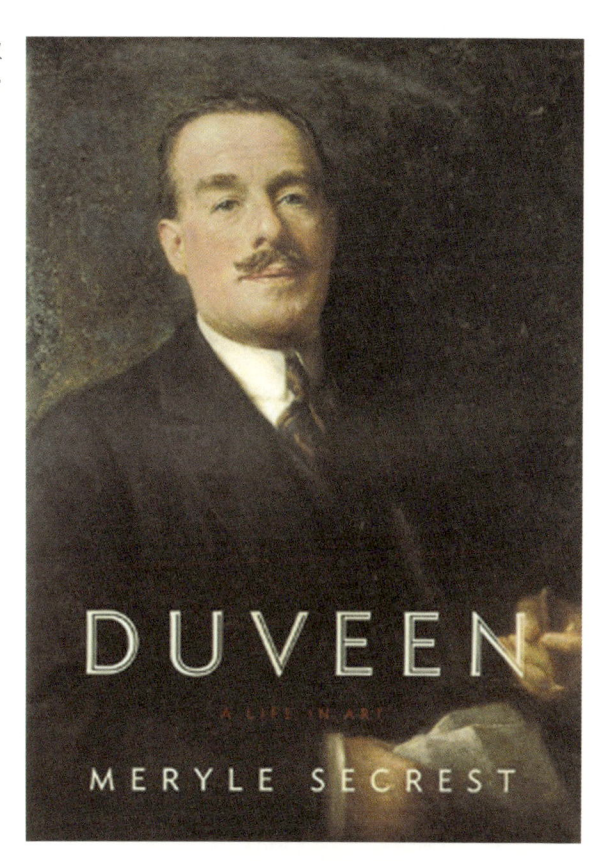

第十章 拍卖行业与商圈丑闻

期之作,是绝对的真品"。这幅画现存放在纽约大主教博物馆"创作室"内(存放名家助手油画的地方)。

第二幅是《谦虚的圣母》,由伯纳德发现,被杜维恩在 1928 年买进。伯纳德鉴定该画为 15 世纪欧洲文艺复兴时期著名画家马萨瑟奥(Masaccio)的名作。1938 年,此画经杜维恩修复后,以 50 000 英镑卖给美国银行家、实业家安德鲁·威廉·梅隆。这幅作品现存放在华盛顿国家美术馆,被看作"不是马萨瑟奥所作"、是"毁坏了的"作品。

第三幅是契马布埃《登上神坛的圣

▲ 本杰明·奥特曼在伯纳德·贝伦森手里买进维罗丘的作品《圣母与圣子》。本杰明·奥特曼(1840～1913 年)出生在纽约市。1865 年,老奥特曼在纽约市成立湾奥特曼公司,于 1906 年,本杰明·奥特曼继承父业,将公司搬到了第五大道,去世前不久他创立了奥特曼基金会。本杰明·奥特曼是一个狂热的收藏家,热衷于伦勃朗油画。他去世后,作品捐给了纽约大都会博物馆。

母玛利亚》。1919 年伯纳德以杜维恩的名义用 1 000 英镑买进,1920 年以 35 000 英镑卖给收藏家卡尔·汉密尔顿。伯纳德鉴定此画时说:"这幅画无疑是契马布埃所作,可以用历史考证来鉴别。"现存于华盛顿国家美术馆,作为"契马布埃的追随者"进行保存。

收藏家和专家同样面临的问题是,报导强调的印象派油画领域里,即使是画家他们自己,在他们活着的时候,也经常被不是他们的作品所愚弄,据说一件假的保罗·塞尚作品曾欺骗了塞尚本人。传言法国风景画家

▲ 安德鲁·威廉·梅隆（Andrew William Mellon, 1855～1937 年)是美国银行家、实业家、慈善家、艺术品收藏家,1921 年 3 月 4 日～1932 年 2 月 12 日任美国财政部长。1937 年,他捐赠了大量的艺术收藏品和 1 000 万美元,用于建立国家美术馆。

▶ 被质疑为赝品的凡高自画像之一。荷兰画家凡高是后期印象画派代表人物,是19世纪人类最杰出的艺术家之一。凡高在1885～1889四年间以惊人的耐力画了四十多张自画像。透过这些画把自己的痛苦、恐惧、怀疑、精神折磨以及生活中偶尔的快乐表露无遗。凡高曾说希望一个世纪之后自己画的肖像在那时人的眼里会如同一个个幽灵,在今天看来他的愿望实现了。

科洛特有时有意识地在穷苦艺术家的作品上签上他自己的名字,目的是为了改善他们的生活。由于"专家"的介入,艺术品的真伪更加难辨。尽管很多专家是可靠的,但许多情况下"专家"也是会起变化的。因为他们并不想用评论某些年轻有为专家的评估意见去损害年长的、德高望重的艺术家。他们也不想推翻自己早先的见解,或推翻某些重大的鉴定。可以说,如果一群艺术专家聚集在一起,他们的名字应该是"混淆",关于这方面的例子不胜枚举。

荷兰艺术历史学家雅洛布·马特·德拉费利博士是研究并撰写凡高书籍的作家,他在一本艺术家作品的目录中,权威性地把一批三十幅凡高油画作品编入在内,这是柏林奥托·瓦克美术馆提供的作品。凭着优秀博士的权威和专家的身份,这些画很快销售一空。虽然他注意到有许多画非常相似,而且相似到不可思议的程度,如有四幅"自画像",三幅"橄榄树"和四幅"柏树"。

这些极度类似的作品令人烦恼不安,"在彻底进行研究"后,德拉费利发表了一个声明,他说觉得"有必要追加补充说明"到目录中去,这样可以有效地重新标明这30件作品是"半信半疑的赝品"。随着这些"高价"赝品的出现,买受人的骚动导致警方进行调查,结论是奥托·瓦克美术馆正在尝试使用"持续不断的骗局"来赚取金钱。

整个令人遗憾的事件由艺术赝品鉴别专家弗兰克·阿诺做了总结,他回顾了这些证词后称,可以任意选择的结论有:a:所有这些油画都是真的;b:有些是真的,有些是假的;

◀ 被质疑为赝品的橄榄树。凡高笔下的橄榄树有一种桀骜不驯的生命力，显露出对于飓风雷霆的大自然之永恒的挑战。他在画树的时候，会把自己的全部注意力集中在这一棵树上，一直到赋予它某种生命力，毫不懈怠，这样它才会真正富有生气，而周围的事物也都会跟着显得生机勃勃。普罗旺斯省的美丽无与伦比，画家当年激情描绘的橄榄树依然如旧，让人不曾感到时间的推移。

c：全部都是假的；d：有些是假的而有些是真货，但是这些真货就是那些曾被宣判过的假货；而这些假货却是那些曾被证明像真迹一样的赝品。这场闹剧很适合引用朱利·梅尔·格拉夫的一句话：任何一个买画的人，如果只听信专家的所谓"鉴定"就付出了巨大的资金，那么，他必然会倒霉。

▲ 近年来，凡高绘画作品的赝品有泛滥之势，专业的美术馆、博物馆也难以幸免。2007年3月，澳大利亚维多利亚国家艺术馆出借凡高画作《男子头像》（价值2500万美元）到英国爱丁堡展出，不料许多人对这幅画的真实性提出质疑，经荷兰阿姆斯特丹权威艺术专家鉴定为"赝品"。墨尔本研究凡高的学者、澳大利亚拉筹伯大学艺术馆负责人文森特·阿莱西说，他很早就怀疑这幅《男子头像》并非出自凡高之手，而是一幅赝品。

▼ 朱利·梅尔－格拉夫（Julius Meier-Graefe，1867～1935年）肖像，德国画家路易斯·克林绘制。朱利·梅尔·格拉夫是德国著名的美术评论家、作家。1894创办了有影响力的德国新艺术杂志《潘》，1899年在巴黎开办了自己的商店，并取名为"现代之家"。

第四节　拍卖公司难堵赝品伪作

20世纪80年代,电视台开辟了"发现"栏目,靠热衷于古董买卖的观众而赚钱。电视节目推荐和介绍的专家要比拍卖行的职员更为重要。首先,采用专家鉴定的形式,符合中介机构的特性;其次,电视给人的直觉是瞬间而过的图面,对电视中所作的介绍,既不能当场予以答复,即使在播出后,也不可能及时回答你所提的意见。

电视节目收视率高,观看电视的观众成千上万,他们对电视的介绍信以为真。专家的鉴定和拍品的评估是古董节目中最重要的部分,而且由专家当众作出结论。专家对物品的估价越高,观众的兴趣就越大,因此,在电视节目中普遍存在着评估价偏高的现象。

20世纪后半叶,电视新闻节目已被佳士得和苏富比所垄断,偶而会轮到菲利浦、伯汉姆斯等公司,节目内容不是宣传高价位成交,就是为下次专场拍卖做广告,得益的绝非是观众,而是伦敦的一些大拍卖行。古董节目直接关系着几百万英磅的进出,尤其对具有丰厚回报的大投机商来说,节目的播放效果就显得更为重要。

电视台相继推出的"古董巡回展"节目以固定形式按时播放,许多人对此饶有兴趣,但每次的交易量极少,邀请的嘉宾以大拍卖行或美术馆的专家居多,他们所述的观点都是在其专业的范围内自由发挥,尽量做到通俗易懂,使观众易于接受。电视网络对大拍卖行来说,无疑是有史以来的最佳机遇。在广告遍地开花的今天,电视是影响最大、最重要的无与伦比的广告宣传。拍卖商在小小的屏幕上获得了大量的观众,而不需要为此付出什么成本,伦敦拍卖行90%以上的流动群众就是电视观众。

20世纪80年代,《星期日泰晤士报》发表了几篇文章,针对有的大拍卖行只顾大作广告,大肆宣传,对拍品所有权查对制度不严,列举了大拍卖行的错误和不幸,其中一篇名为《怎样在监狱里赚大钱》的文章像讲故事一样描述了拍卖行上当受骗的情节。

"不久前,成打的假冒陶瓷艺术品流入市场,人们都以为是出自世界著名陶器工匠伯纳德·利奇之手,伦敦的五家拍卖行,苏富比、佳士

▲1935年英国陶艺工作室之父伯纳德·利奇从韩国购回这件在世界瓷器界享有美誉的瓷器——"月亮坛"(moon jar),名称源于这件瓷器牛奶般的色泽与圆润的器形。这件韩国18世纪早期稀有的白瓷作品,目前世界上仅剩下20件左右,可以说是韩国瓷器工艺美学的典范代表。大英博物馆于1999年得到它,自此,月亮坛成为博物馆的标志性馆藏珍宝之一。

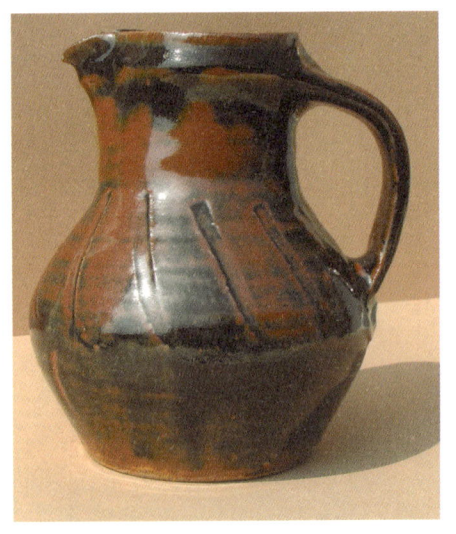

◀ 从 1909~1920 年，利奇花了十一年在日本。回到英格兰后，1920 年和滨田正治在圣艾夫斯成立了里奇陶艺。包括建造传统的日式干燥窑。他们把焦点集中在传统的韩式、日式、中式的陶器上，并融合了英国和德国的传统技术。图为利奇陶瓷作品之二。

▲ 利奇出生在中国香港，年轻时期在日本度过，接触到了一群热爱日本艺术并称之为白桦的日本人，从他们那里利奇了解了威廉·莫里斯和艺术与手工艺运动，开始在大师的指导下制作陶器。图为利奇陶瓷作品之一。

得、菲利浦、伯汉姆斯等都来争取拍卖权，好几个富商都相信那些花瓶、碗和碟子是真货。但最终发现，这些陶器的制造点就在英国伍尔弗汉普顿的菲瑟思顿斯监狱附近。"

1979 年，享年 92 岁的伯纳德·利奇（Bernard Leach）过世，被评为 18 世纪以来最有影响的英国陶工。他的制造工艺吸取了日本的朴素风格，并出版了关于上釉彩的"秘诀"。他的制造工艺让一些犯人受益匪浅，这些犯人瞒过了监狱管理人员，在两个窑里制造罐、碟和碗，这些产品的底部全印有著名的 B.L.（利奇）的标记和印章。监狱长和狱警对犯人在这方面所表现出来的积极性感到高兴，而且还在现场看到过制品，但狱方并不知道这些陶罐都被标上了 B.L. 的标记……。伦敦商人理查德·丹尼斯对陶瓷很有研究，他首先发现事有蹊跷，但自己已经买进了很多……1980 年 7 月，有一个顾客委托伦敦艺术品商人竞买一个伯纳德·利奇制造的蛋形陶器大花瓶，以 1 000 英镑买下这个花瓶后，发现有裂纹，要求佳士得公司调整价格。

▲ 伯纳德·豪·利奇（Bernard Howell Leach，1887~1979 年），是英国陶瓷艺术与美术教师，他被誉为"英国陶器艺术之父"。

苏富比公司的弗兰克·赫尔曼卷目中，曾陈述过1959年举办古代名家油画的重要拍卖活动的章节，并附有一份详细的清单。那次拍卖的核心拍品是彼德·劳尔·鲁宾斯的《圣徒朝拜》。那是一幅12英尺 9¼英寸×8英尺 1¼英寸的大油画，这样大件物品的拍卖确实令人非常激动，一层层的台阶上放置着各种拍品，包括目录中剩余的物品，有关拍卖故事很久未曾披露。赫尔曼先生写道：

威斯敏斯特古代名人作品拍卖的另一种景象出现在13年之后。第13批拍品中有一幅很脏的油画，反映《塞缪尔使女的第一本书》中的一段情节，描绘她奉献一条面包给戴维。爱德华·斯比尔曼是伦敦西区杰出的艺术品商人，他仔细审察了这幅画，结论是，虽然所编图录上只是简单地写成好像是"鲁宾斯作品"，有一种仿制品或具有名家风格的作品。可是斯比尔曼肯定这是彼德·劳尔·鲁宾斯亲作。为了使他的发现不为其他商人所知，所以由斯皮尔曼先生出面请一位名叫史蒂文·波洛克的同行代他竞买这幅画。波洛克用1 500英镑买下并作为买受人记录在价格表上，这幅画被清洁处理后成为一件令人咋舌的名家作品进行展览，一位鲁宾斯学者路德维格·伯查德博士和迈克尔·贾考对这件作品予以肯定，这幅画之后转卖给一个德国的私人收藏家，但后来被英国一位大收藏家高价买入。

在艺术品鉴定中，人们对专家的依赖程度非常高，但事实上，对于任何一个收藏家、博物馆，甚至拍卖行，都难免会有专家判断出错的情况。在英国，曾经有大量真伪存疑的艺术品存放在大英博物馆中，许多专家学者对此一直感到疑惑不解。1818年，大英博物馆高价收购了一尊"当代的"朱利叶斯·凯撒的半身雕塑像，鉴定结果是它的历史还不到一百年。

▶ 鲁本斯的油画《圣徒朝拜》是传统的基督教主题艺术作品。1609年作，346厘米×488厘米，马德里普拉多博物馆藏。

第十章　拍卖行业与商圈丑闻

United States' lea
tained operation
rule at Sotheby'
anything that y
they use is water
sive plastic kind
and is next to ir
example, a leg w
craftsmen - mar
- do not hurry
their own glues,
hand polishing
take as many as
techniques they
turies old, yet th
modern equip
syringes for in
veneer or x-ray
and where old r
  While Sot
division of Soth

第十一章

20 世纪的国际拍卖市场

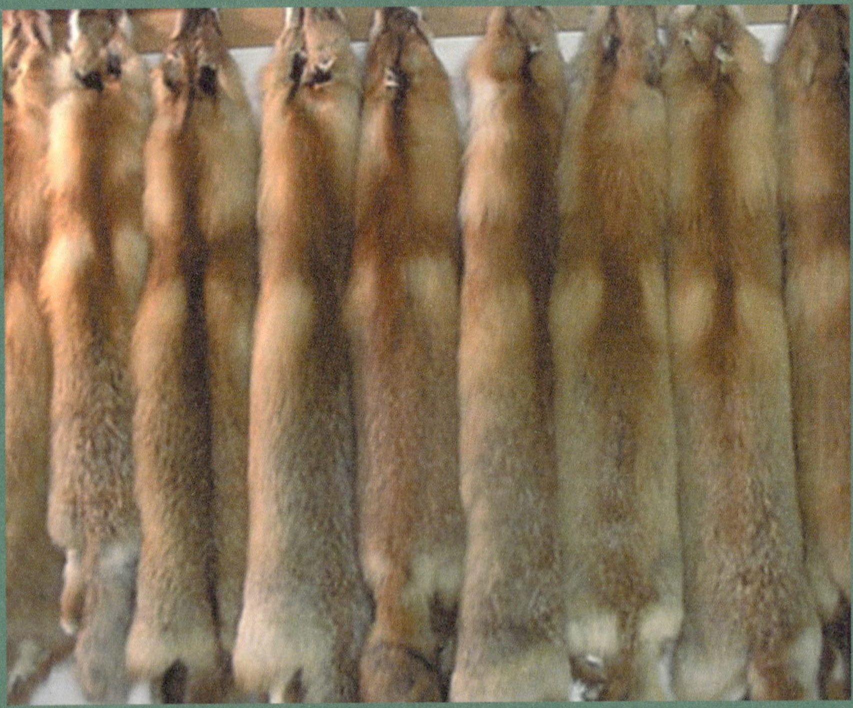

国际拍卖市场繁荣昌盛,成为大宗商品贸易的集散地。拍卖市场集中卖家的货源,召集买家于一处进行交易,通过拍卖方式调整价格,有效地平衡了商品的供求关系,受到全世界贸易商的青睐。在国际拍卖市场中,初级产品约占三分之一。初级产品又称原始产品,主要是农、林、牧、渔、矿业产品,或者指未经加工或因销售习惯而略作加工的产品。本章重点介绍茶叶、羊毛、花卉、良种马和毛皮五种国际知名的拍卖市场。

第一节　国际茶叶拍卖市场

▶ 世界上很多地方饮茶的习惯是从中国传过去的。所以,很多人认为饮茶就是中国人首创的,世界上其他地方的饮茶习惯、种植茶叶的习惯都是直接或间接地从中国传过去的。茶文化在中国有古老的历史,北京故宫博物院收藏的明代文征明《惠山茶会图》是以茶会友、饮茶赋诗的真实写照。画面描绘了正德十三年(1518年),清明时节,文征明同书画好友蔡羽、汤珍、王守、王宠等游览无锡惠山,饮茶赋诗的情景。

在国际贸易中,茶叶是采用拍卖方式交易的传统商品之一,至今已有170年历史。由于茶叶有不易分类、难以久存等特点,因而比较适合于做拍卖贸易,所以直到现在,世界上大宗的茶叶贸易仍以拍卖为主。英国是世界上最早拍卖茶叶的国家,追溯英国饮茶的历史,早在17世纪就有了茶叶拍卖行,满足了当时日益扩大的消费需求。伦敦茶叶拍卖中心以其历史悠久著称于世,是当时唯一一家正规的非产茶国交易中心,为世界产茶地区销售茶叶开辟了新的渠道。

1861年,国际茶叶贸易的发展促使茶叶拍卖从进口国转移到生产国进行。于是,各类拍卖机构在印度加尔各答和斯里兰卡科伦坡驻足,开始从事更加广泛的国际性茶叶拍卖,并相继成立了许多拍卖中心。这些中心供应的茶叶质量好、品种多,买卖双方及运输部门通力合作,减少了运往伦敦拍卖中心的茶叶量,大大提高了贸易效率。各国拍卖中心举行首次茶叶拍卖的时间如下:

伦敦(英)　　　1839年1月10日
加尔各答(印)　1861年12月27日
科伦坡(斯)　　1883年7月30日

科钦（印）	1947 年 7 月 4 日
吉大港（孟）	1949 年 7 月 16 日
内罗毕（肯）	1956 年 11 月 7 日
古努尔（印）	1963 年 3 月 23 日
蒙巴萨（肯）	1969 年 7 月 14 日
林贝（马拉维）	1970 年 9 月 9 日
高哈蒂（印）	1970 年 9 月 25 日
雅加达（印尼）	1972 年 12 月 11 日
西里古里（印）	1976 年 10 月 29 日
哥印拜陀（印）	1980 年 11 月 2 日
新加坡	1981 年 12 月 21 日

▲ 茶叶贸易与社会、经济发展密切相关。1773 年 11 月，东印度公司企图垄断茶叶贸易，把装载 342 箱茶叶的船只开进波士顿港。12 月 16 日，波士顿八千名群众集会，要求停泊在那里的东印度公司茶船开出港口，但遭拒绝。当晚，反英群众在波士顿茶党组织下，化装成印第安人闯入船舱，将东印度公司三只条船上的 342 箱茶叶（价值 18 000 英镑）全部倒入大海。英国政府与北美殖民地之间的矛盾尖锐，公开冲突日益扩大。（波士顿倾茶事件绘画）

从以上记录可以看出，世界上最早形成的茶叶拍卖中心在伦敦，它首次举行茶叶拍卖的时间是 1839 年 1 月 10 日。第二次世界大战后，由于国际茶叶贸易数量持续快速增长的压力，茶叶拍卖中心的数量也在不断增加，这一点在产茶国印度表现最为明显。第二次世界大战前，印度只有加尔各答一个茶叶拍卖中心，第二次世界大战后，又增加了科钦、古努尔、高哈蒂、西里古里等六七个拍卖中心。到 20 世纪末，国际性的茶叶拍卖市场主要有：英国伦敦，印度的加尔各答、科钦，斯里兰卡的科伦坡，孟加拉国的吉大港，印度尼西亚的首府雅加达，非洲的茶叶拍卖市场主要在肯尼亚的内罗毕和蒙巴萨。

20 世纪 50 年代后，各国产茶园生产的茶叶大部分开始在本国就地拍卖，其余部分一般在伦敦拍卖，如印度出口的茶叶 70% 是在加尔各答和科钦拍卖的，30% 在伦敦拍卖；斯

◀ 茶叶样品展示（部分）

里兰卡出口茶叶80%以上在科伦坡拍卖，其余在伦敦拍卖；印度尼西亚50%的茶叶通过本地拍卖出口，其余部分则通过伦敦、汉堡、安特卫普等地的拍卖市场销售。非洲国家的绝大部分茶叶出口是通过内罗毕拍卖的，坦桑尼亚、乌干达的茶叶也多在这里举行拍卖交易，有时也出售刚果、毛里求斯、马拉维和莫桑比克的茶叶。

在所有的茶叶拍卖市场中，最值得介绍的是伦敦茶叶拍卖中心，它古老的

▲ 东印度公司举行茶叶拍卖会场景。

拍卖历史与庞大的拍卖规模，都是其他拍卖中心所无法比拟的。第二次世界大战开战后，英国开始了长达12年的茶叶配额供应制，直至1951年4月，伦敦茶叶拍卖中心又重新开张。在以后的20年中，通货膨胀造成物价上涨，成本增加，直到1968年，拍卖中心所在的大厅只有少数几个大公司进行交易。1971年，中心移至泰晤士大街的约翰·莱昂公爵大厅。到了1990年，不断上涨的费用使拍卖中心又不得不搬迁到加农街的商会。此后，由于伦敦茶叶拍卖中心对世界茶叶销售的影响越来越大，中心就迁到了伦敦的圣约翰街。

每到茶叶拍卖季节，来自世界各地的不同种类的茶叶纷纷运到伦敦，连续举行多场茶叶拍卖。一般每周拍卖三次，星期一和星期三主要拍卖印度茶叶，星期二主要拍卖斯里兰卡茶叶。拍卖的具体组织过程是：在拍卖季节到来之前，先由各地卖主把茶叶运到伦敦，存放在拍卖场附近的仓库。然后，由卖主委托拍卖行代为挑选、分级，并且按品级划分批次，同时编号登记。在分批中，有的分成适合于大批发商购买的大堆、有的分成适合小批发商或零售商购买的小堆，有时不同产地、不同等级的货物也可混合成一批。分好批次的茶叶存放拍卖行专门的仓库以待拍卖。

在挑选和编排茶叶等级批次的同时，拍卖行还要在专门的刊物或报纸上刊登拍卖公告，注明拍卖时间、地点、商品数量、等级等详细事项。同时，拍卖行还须把标有商品种类、产地、每批商品号码、拍卖程序及拍卖条件等情况的拍卖目录提供给参加拍卖的竞买人。这样做因为有许多种类的茶叶要进行

▲ 来自世界各地的茶叶样品琳琅满目。

第十一章　20世纪的国际拍卖市场 | 175

拍卖，在拍卖之前应该让买主有所准备，选出自己感兴趣的品种。拍卖行除了允许参加拍卖的竞买人到仓库查看货物外，每种茶叶都提供样品，供竞买人品尝以验看质量。拍卖过程进行得相当快，因此，竞买人在拍卖前应根据自己查看的货物质量情况，对满意的商品在拍卖目录中做好标记，以供竞价时用。拍卖开始后，按照拍卖目录拟定的顺序进行，一般茶叶拍卖是按批出售，但也允许竞买人只购买半批，按惯例，这样做也不提高售价。茶叶拍卖市场上的竞价人一般不是真正的买主，而是代理买方参加竞买的经纪人。因此，拍卖规则规定，拍卖成交后，买方代理人必须在成交后24小时内公布其委托人姓名，且要经过拍卖行的认可。同时，买方要向卖方代理人（或拍卖行）支付一定金额的定金，卖方代理人给买方一个订货单，并在拍卖成交后的3个月内付清余欠的货款。

▲ 美国茶协会、加拿大茶协会与SFG公司合办的美国世界茶业博览会（World Tea Exop）每年在美国举办一届，是国际上最具影响力及规模最大的专业茶展。2006年3月，世界茶叶博览会在拉斯维加斯举办第一个茶叶拍卖会，印度尼尔吉里地区的优质茶叶获得桂冠。

20世纪末，世界茶叶供求关系发生了巨大变化，1998年6月29日，伦敦茶业拍卖市场进行最后一次拍卖后，终于关闭停业。

拍卖这种交易方式在茶叶贸易中使用如此普遍，有其重要的原因。一是能准确反映市场价格。因为评定不同品质等级茶叶的价格比较困难，而用拍卖方式则能较好地体现市场供求情况和市场价格，在公平竞争的条件下达成交易。因此，拍卖市场的成交价格可作为茶叶市场的"晴雨表"，对交易各方都大有益处。生产者整年都要销售他们的产品，他们希望能有一个合理的市场价格。购买者也期望能在公平、公开、公正的市场购买茶叶。那些不在拍卖中心购买或很少购买茶叶的买主也将中心的价格作为基准来参考。因此，不管是生产者、中间商还是购买者都乐意接受拍卖这种交易方式。二是平衡供需矛盾。茶叶历来是国际拍卖市场上的大宗货物。据世界粮农组织统计，2003年，世界茶叶生产量为315万吨，最大的生产国是印度，其次是中国、肯尼亚和斯里兰卡。中国是唯一生产所有不同种类的茶叶（白茶、黄茶、绿茶、红茶）的国家。2006年世界茶叶总产量为360万吨，消费量为364万吨（超过了总产量）。在这种供货稳定、货量可观的有利条件下，作为初级产品拍卖的茶叶，自然能够充分满足世界茶叶市场上从事茶叶贸易的各大专业性拍卖行的迫切需要。

第二节　国际羊毛拍卖市场

◀ 澳大利亚悉尼羊毛拍卖市场展示区之一，含乳脂的杂交羊羊毛。

羊毛拍卖制度是当今世界上绵羊毛销售中使用最广的一种交易方式，这种方式称为自由拍卖制度，占全世界羊毛总产量的一半。澳大利亚、新西兰、南非和英国的羊毛都是采用这种方式销售的。澳大利亚从19世纪中叶就开始举办经常性的羊毛拍卖销售，在20世纪70年代之前，羊毛包由经销商集中放在所谓展示区内，买主查看包内羊毛，凭主观评估对加工重要的各种羊毛特性。到1972年，客观检验某些羊毛特性成为可行，随之被引用到羊毛销售体系。

羊毛拍卖也是国际贸易中的热门业务，其拍卖历史迄今已逾260多年。整个19世纪，伦敦都是国际市场上首屈一指的羊毛拍卖中心，各类羊毛拍卖行随处可见，至今名气不亚于苏富比和佳士得这两大艺术品拍卖行。世界羊毛拍卖贸易的主要市场是在英国的伦敦、利物浦，南非的开普敦，澳大利亚的墨尔本、悉尼以及新西兰等几个国家的大城市。

▲ 第一次世界大战争时期的海报，美国农业部鼓励儿童喂养绵羊以提供必要的战争物资。

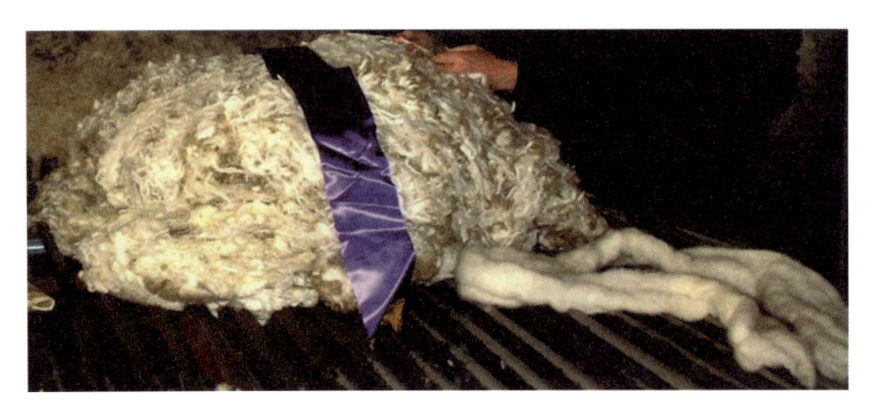

▲ 上等的新西兰美利奴细羊毛在展示台上。

伦敦羊毛拍卖主要由伦敦中介人交易委员会主持，在伦敦的羊毛拍卖大厅举行拍卖。按惯例，每年在羊毛交易的季节举行8次拍卖活动，每次拍卖持续14天。在拍卖之前，由各地卖方把羊毛运到伦敦，存放在伦敦泰晤士街的各仓库里，由拍卖组织者负责挑选分类，编制拍卖目录，发布拍卖公告，组织竞买人看货等。一般情况下，拍卖的前一天应让竞买人查看货物。竞买者的资格没有特别的要求，但非羊毛交易委员会会员参加竞买需缴定金，成交后，这部分定金抵充货款。参加伦敦羊毛拍卖的竞买者主要来自欧洲各地，拍卖成交后，双方也签署订货合同，付款日期定在羊毛拍卖成交两周后的星期五。

较早实行羊毛拍卖的国家还有世界上最大的羊毛产地及出口国澳大利亚。1843年，悉尼率先举槌，开始拍卖羊毛，吸引英国及其他西方国家的羊毛进口商前往竞买。1846年，墨尔本也将羊毛推上拍卖台，成为澳大利亚的另一个羊毛拍卖中心。两处羊毛拍卖机构的设立，均大大早于1882年在比利时安特卫普出现的世界上第一个羊毛期货市场，足见羊毛拍卖制度在国际贸易中，特别是在世界初级产品市场上的地位和作用。

20世纪70年代，澳大利亚羊毛有80%实行拍卖，全国有14个城市的拍卖中心经营出口业务。80年代前期，84%的澳毛以拍卖方式交易，国家有拍卖中心13个；80年代后期，85%的澳毛被拍卖，国家拍卖中心为12个。20世纪90年代末，澳大利亚羊毛年产量约占世界羊毛产量的30%，已有90%左右的羊毛通过拍卖进入国内外市场，其中出口达40多个国家，致使悉尼、墨尔本与南非开普顿并列为当今世界三个最大的羊

▲ 澳大利亚维多利亚里斯莫镇的技工剪美利奴细毛羊羊毛。

毛产地国拍卖中心,而老牌羊毛拍卖中心伦敦和利物浦的作用和影响则相对减小。

悉尼羊毛拍卖市场是澳大利亚羊毛拍卖中心中最大的一个市场。牧场主通过所雇用的牧民,用现代化的电动剪毛机把羊毛剪下,经过处理,送到市场的羊毛仓库。从牧场运来的羊毛,首先要在这里抽查质量,合格者才能被拍卖市场接受。仓库内 200 千克一包的大麻包堆放得整整齐齐,各类搬运汽车在其间穿梭来往。市场里还有宽敞的样品陈列大厅,货架上排放着陈列样品用的木匣,羊毛样品按不同的质量、规格、支数、分出等级、标出价格,列出编号,供买方查看。羊毛拍卖贸易主要由经纪人代售公司组织,如买进羊毛由采购经纪人通过竞价拍卖购得,羊毛的销售则是通过经纪人主持拍卖售出,羊毛直接生产者和购买者一般不参加拍卖。世界羊毛拍卖贸易的种类很多,但从大类上分,有经过加工的净毛和没经过加工的原毛两种。

第二次世界大战以后,原毛拍卖由各大拍卖中心开始向生产地点转移,净毛仍在拍卖交易所拍卖销售。由于原毛在羊毛贸易中占有一定的份额,因此,第二次世界大战后产毛国的澳大利亚和新西兰羊毛拍卖市场的作用大大增强,伦敦拍卖中心的作用开始下降。进入 21 世纪,澳大利亚和新西兰的羊毛 90% 在本地拍卖中心售出,而通过伦敦拍卖中心只销售澳大利亚羊毛的 2% 左右、新西兰羊毛也只有 5% 左右是通过伦敦拍卖行出售的。不过,英国的利物浦拍卖中心在地毯毛拍卖贸易上仍起着重要作用,它主要拍卖印度和巴基斯坦的地毯毛,除此以外,利物浦也拍卖山羊毛。

▲ 美利奴 17.1 微米的羊毛样本,运往新南威尔士州纽卡斯尔拍卖场。

第十一章 20 世纪的国际拍卖市场

第三节　世界最大的花卉拍卖市场

▶ 2002年1月1日，荷兰的Flora花卉拍卖市场与Holland花卉拍卖市场通过了荷兰反垄断机构的评估，正式合并，成立了花荷花卉拍卖市场（FloraHolland）。之后，花荷市场又与荷兰东南部的ZON花卉拍卖市场合并，使花荷市场在荷兰的五个地点分别设有拍卖机构。来自世界各地的花卉商每天聚会交流行情。

▲ 阿斯米尔拍卖行每天的鲜花销售量为1 400百万枝，绿色观叶植物50万盆。每年约出售鲜花35亿枝，植物3.7亿盆。主要花卉品种有：郁金香（200个品种）、康乃馨、菊花、小仓兰、非洲菊。

▲ 阿斯米尔拍卖行共有13口电子拍卖大钟供交易使用。拍卖行每周5天开市，每天清晨6：30开始拍卖。

荷兰阿姆斯特丹的阿斯米尔联合花卉拍卖行（简称VBA）是世界上最大的花卉拍卖行，它位于荷兰阿斯米尔镇，由该镇原先的两家花卉拍卖公司合并后组成。早在1912年，这两家公司就已经开始经营花卉和盆栽植物的拍卖生意。后来两家商行实行合并，联合成立了一家更新并且更大的拍卖行，这就是现今世界上最大的阿斯米尔联合花卉拍卖行。（编者注：2008年1月1日，阿斯米尔与花荷合并。）

新落成的拍卖大楼在当时的占地面积为8.8万平方米。由于花卉和植物以及随之来的园林植物等产品的上市量不断增加，这座拍卖建筑群也进行了多次扩建。目前，阿斯米尔联合拍卖行的占地面积已达71.5万千平方米，相当于120个足球场的面积。因此，阿斯米尔联合拍卖行不仅是世界上最大的花卉拍卖市场，它还是世界上最大的贸易建筑群。

阿斯米尔联合花卉拍卖行是由荷兰众多的园艺种植公司所共同拥有的股份联合体。到目前为止，大约有五千家经营花卉、盆栽植物的园艺公司是这一股份联合体的成员。也就是

◀ 阿斯米尔花卉拍卖行占地71.5万平方米,相当于120个足球场的面积。拍卖行共有员工1万人,每天的贸易成交额可达5万笔,平均有2 000辆货车每天从阿斯米尔的拍卖行驶出,荷兰每年出口鲜花和植物的总价值超过60亿美元,其中阿斯米尔拍卖行占近50%。

说,这五千家成员是阿斯米尔拍卖行的共同所有者。作为拍卖行的成员,这些种植商必须按规定的义务将自己的产品经由拍卖行出售。销售以后,每家园艺公司都要从营业额中提出一定百分比的费用,作为代销产品的佣金上缴给拍卖行。这笔佣金的数额通常在一年一度的全体成员大会上被商议和固定下来。一般来说,佣金在营业额中所占的百分比为5%~6%。这笔佣金或者说是会员费,被用于拍卖行的开发以及支付工作人员的工资。

除了作为市场产品卖方的园艺公司而外,当然还存在与之相对并且必不可少的产品的买方,即购买花卉和植物的经销商。他们不是拍卖行的成员,但作为购物者,他们在拍卖行登记注册,使用拍卖行高度电脑化的组织系统所提供的服务。这些商人仅须从他们的成交额中拿出一小笔款项交给拍卖行,作为他们购货的服务费。由此可以看出,拍卖行已成为花卉市场上买卖双方的交易场所,正因为需求者与供应者的这一汇聚,他们相互交易的结果便产生出商品的价格。

从总体上看,拍卖行基本可分为两大部分:拍卖部和理货部。在拍卖部里进行的工作是花卉和植物的传送,花卉和植物一经运达阿斯米尔,便马上被传送到拍卖部的冷藏库和存放库里,等待拍卖时刻的来临。此外,拍卖部里还设有拍卖厅、发货厅和一条参观长廊,来访参观的人们可从这条长廊上观看花卉拍卖的全部过程。

在拍卖行第二大部分的理货部里分布着宽敞的包装厅,约有350家经销商、出口商及批发商在这里拥有各自的包装场地,当他们买进花卉后,在包装厅内对其进行包装并等待发货。即将运出的花卉和植物被放在特制的推车上,然后再装上货车。

在冷藏库和存放库里设有产品质量检验处,拍卖行的质检师在拍卖之前对每一批花卉和植物进行质量检验。他们将检验的结果写在推车上的货单上,发货单是由种植公司为自己的产品填写的说明书,拍卖行给每一批花卉和植物分类编号,以便上市拍卖。拍卖行一共有五个交易拍卖大厅,其中四个专门作为花卉的拍卖场所,另一个则为拍卖盆栽植物所用。拍卖行共有13口电子拍卖钟供交易使用,每一种产品每天都固定在同一口拍卖钟下售出,因此,前来卖花的商人们都知道自己每天应去哪一口钟下进货。拍卖行每周5天开市,每天清晨6:30开始拍卖。

一般而言,每个拍卖大厅有300个交易席位。每位购货商一经登记注册后,就领到拍卖行发给的一张或者数张购货电脑磁盘,磁盘上编写有该名商人的代码。在拍卖开始前,购货商将自己的电脑磁盘塞入面前长桌上的磁盘缝里。于是,他所在位置上的买进按钮便自动开启,这位商人就可以开始购买了。

拍卖行实行会员制,除了有会员5 000名(全部是当地的生产者),另外还有5 000名供货商(非本地生产者或经营者)。拍卖市场的管理费比较低,供货者平均交纳5.5%(按成交额计),购买者更少,只交0.3%,因为购买者要在市场租用办公室、冷库、通讯设备等,这些费用对拍卖市场也是一笔收入。拍卖市场已投资5亿欧元,全部由会员投入。

农业部是荷兰花卉产业(包括阿斯米尔联合花卉拍卖行)的业务主管部门,工贸司负责花卉贸易管理,农业司负责生产管理。政府部门直接的管理就是制定法律法规、制定投资和税收政策、资助科研推广等,起到一个"助推器"的作用。荷兰花卉生产主体是农户,经营者也都是私人企业。在完善的市场经济体制下,政府部门充分相信市场的调节能力,让企业实现自我约束、自我发展、自我完善。

荷兰花卉行业中介组织非常多,分类也相当细,有荷兰花卉拍卖协会、批发商协会、出口商协会、国际球茎中心等等,每个协会都有自己明确的管理职能、服务职能和会员类型。荷兰花卉拍卖协会的主要任务是协助政府开展科研和推广工作,每年经费的三分之一用于科研,三分之二用于推广。协会本身没有科研机构,主要是资助科研单位或企业从事花卉科研。协会的推广工作不是直接推广技术或推销产品,而是收集市场信息,并及时反馈给业者。协会目前在德国、法国、英国、意大利设有办事处,这几个国家都是荷兰的主要出口国,需要及时了解和掌握它们的市场动态,以便科研、生产、经营单位迅速做出调整。

荷兰花卉行业的自律性很强,比如拍卖市场就是会员自己投资建设,自己管理,自己经营。拍卖市场有一整套规矩,违规者无论是谁,一律受罚。

◀ 商人们可以在一间拍卖厅里购买任何一口拍卖钟下所售出的花卉。他们也只须一揿按钮,就能随意选择从哪一口钟下买进。

世界拍卖史

第四节 国际良种马拍卖市场

马匹拍卖在全世界有很长时间的历史,良种幼马(包括小雄马和小雌马)和母马很多年以前就采用拍卖方式交易。雄马(种马)过去是由很多人共同拥有、喂养,轮流使用,不参与买卖,20世纪以来也开始通过拍卖方式划分所有权。在美国,最好的种马价格十分昂贵,通常由许多买主组成的联合体共同拥有。联合体中的每个成员各自拥有种马的部分所有权,每份所有权意味着每个成员每年有一段时间可以使用这匹种马。每个成员均分一份喂养时间后,剩下的时间便属于联合体共同拥有。通常的做法是把属于联合体共有喂养时间向其他需要种马的人拍卖,以转让这一部分使用权。此外,每个成员也可把属于他喂养时间内但他本人又不用的使用权通过拍卖转让给他人。

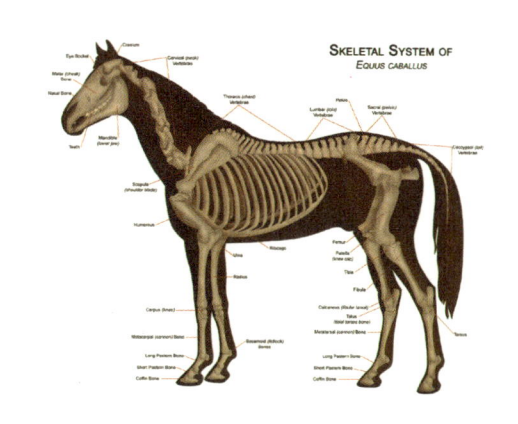

▲ 马匹交易需要非常详细的背景资料,对马匹的肌肉、骨骼等贴有标签,每匹马都有自己的名字。

马匹的拍卖贸易很兴旺,其中规模最大的是良种马匹的拍卖。目前,世界上每年仅良种马匹的大型拍卖活动就有一百多次。其他种类的马匹拍卖及各国的小型马匹拍卖活动则不计其数。世界马匹拍卖大体上可以分为四类:一岁龄小马驹的拍卖;种马的拍卖(包括精品良种马和普通良种马);二岁龄马匹拍卖以及混合拍卖。

世界马匹拍卖市场主要在美国、法国、英格兰、爱尔兰以及俄罗斯的莫斯科。美国马匹拍卖的大部分市场被北美的两大牲畜拍卖组织所控制,其中一个是位于肯塔基州莱克星敦城的"肯尼兰"牲畜拍卖销售组织,另一个是位于纽约州萨拉托嘎的"法奇迪普敦"牲畜拍卖销售组织,这两个组织每年要举行多次马匹拍卖活动,其中精选的良种马匹的大型拍卖活动每年也要举行3~4次,分别在每年的1月、7月或9月、11月举行,每次要持续一周以上。

在美国肯塔基州的莱克星敦市,每年至少要举行一次大型的牲畜销售节,节日持续数日,举办各种各样的销售活动,其中最为精彩的是持续一周的良种马

▲ 马匹拍卖的广告。

拍卖。每到这时，来自世界各地的富商和贵族们纷纷云集于此，一边准备竞买，一边忙于参加各种社交活动。拍卖会在可容纳上千人的大礼堂里举行，礼堂后面占地数千英亩的场地上有几百个粉刷一新的马厩，从各地精选的良种马都集中在马厩里，等待拍卖。每匹马的臀部都标有一个与拍卖目录中登记的编号一致的标号。在拍卖开始前，买主或其代理人可到马厩察看马匹，以便拍卖时心中有数。

一切准备就绪后，拍卖正式开始。主持人先简单地介绍拍卖规则，接着按拍卖目录的编号顺序喊号。礼堂后边的工作人员便把对应的马匹牵到了拍卖台上。主持人接着介绍马的情况，包括马的血统、年龄以及其他能增加马的价值的信息。然后，拍卖师开始喊价，找到一个双方都比较满意的价格，才拍定成交。拍卖一般进行得很快，每匹马大约3分钟就完成全部的拍卖过程，这样的拍卖每天要进行12个小时，主持人、拍卖师、工作人员每半个小时轮流休息一次。良种马的大型拍卖集会一般持续一周以上，在此期间大约能售出2 000匹良种马，这些马多数被用来充当种马、赛马，或是贵族们的玩赏之物，因此，它们的价格都很高。

▲ 20世纪初的车马交易所。

美国有各种各样的马匹拍卖会，但并不是所有马匹的拍卖都是这样的场面。例如纽约城外乡村小镇上的牲畜拍卖却是另一种氛围，拍卖大厅里，可能有幼马、老马、母马、种马等完全不同的马匹混杂在一起，等待拍卖。一些和马有关的商品如马靴、马用的膏药等也可以在这样的拍卖会上买到。参加拍卖的买主都是经常光顾这里的熟客，也有的是专门经营马匹的商贩。拍卖方式可能也很不正规，但气氛却十分活跃，常常吸引很多围观者。

纽约州的法奇迪普敦拍卖组织在美国的许多地方都设有分支机构，但该机构和肯尼亚两大组织的精品良种马拍卖仅在肯塔基州的莱克星敦和纽约州的萨拉托嘎举行，美国著名的精品良种马拍卖几乎都由这两大组织来承办。普通良种马的大型拍卖一般在加利福尼亚州和佛罗里达州举行，其他种类的马匹拍卖在美国各地都有，

▲ 等待出售的马匹。尽管这些年轻的马有相同的颜色，但是其独特的标记，可以用来识别。

世界拍卖史

▲ 良种马拍卖会现场。

甚至一些乡村也不时举行马匹及其他牲畜的拍卖。

在欧洲，英国塔特索尔马匹拍卖行和法国戈夫斯马匹拍卖行实力最强，它们分别在英国、爱尔兰和法国设有子公司，并定期举行规模空前的马匹拍卖会，成为吸引世界良种马匹大买家的磁场。每次拍卖，拍卖行或将拍品分等论级，举行专场拍卖，或将拍品混杂穿插，举行综合拍卖，品种类别齐全，便于来自世界各国的买主能够自由充分地选择。因此，一场拍卖会下来，往往能售出良种马数千匹，利润相当丰厚。由于良种马养殖业是爱尔兰国民经济的一个重要组成部分，该国政府近年来一直对其实行财政优惠政策，因此促使爱尔兰成为目前国际公认的欧洲良种马的最佳产地，且良种马拍卖业也随之大为兴旺。

在美国，基恩兰德马匹拍卖行和法西格·蒂普顿马匹拍卖行是行业的龙头，这两家拍卖行每年定期举办六十多场马匹拍卖会，共有约 13 000 匹良种马被售出。其中国际性拍卖会在一二十场左右，马匹拍卖价格也从数百美元至百万美元不等，但价位高走却是主要趋势。除良种马拍卖之外，这两家拍卖行还面向世界拍卖标准马和赛马，收入亦不薄。最为有趣的是，这两家拍卖行还在国际拍卖会上率先推出了良种马交配使用权的拍卖业务，即允许买主投买公认的繁殖能力最强、遗传基因最理想的良种母马的生育"季节"，由拍定人将母马牵回交配及繁育后代，然后再送回拍卖行，转归另一买受人使用。此举使各类良种马的头等种马身价倍增，同时丰富了国际马匹拍卖业的具体内容。

在英国，创建于 1766 年的塔特索尔拍卖行被公认为世界上历史最久、名气最大的马匹拍卖行。近几年来，该行不仅经营上等良种马交易，而且每年定期在英国赛马圣地——东南部城镇纽马基特的帕克帕多克斯举行大批量的赛马拍卖，旨在吸引来自世界各地的买主，为西方国家的赛马运动提供源源不断的骑乘工具，同时在国际拍卖业的特定领域内独享殊荣。国际马匹拍卖业发达的地区还有苏联的莫斯科及波兰、捷克、匈牙利等东欧国家，但无论规模、数量、业务范围均不如西欧和北美。

▲ 描绘城镇里马匹拍卖的绘画作品。

第十一章 20 世纪的国际拍卖市场 | 185

第五节　国际毛皮拍卖市场

20世纪的国际拍卖市场上,毛皮贸易也相当活跃,拍卖规模颇为壮观。世界毛皮市场主要分布在伦敦、纽约、圣彼得堡、加拿大的蒙特利尔、丹麦的哥本哈根以及瑞典、挪威等地。由于毛皮的种类繁多,各类毛皮都形成了各自的专业拍卖市场,如水貂皮的主要拍卖市场设在纽约、蒙特利尔、伦敦、哥本哈根、挪威首都奥斯陆以及瑞典首都斯德哥尔摩等。著名的美国纽约拍卖有限公司是每年负责主持美国和加拿大两国水貂皮拍卖的大型拍卖行,而丹芬毛皮销售公司则是在哥本哈根组织丹麦和芬兰两国水貂皮拍卖的联合拍卖机构。

20世纪末,加拿大从事毛皮业的人员有88 000多人,其中从事毛皮动物狩猎的有80 000人,从事毛皮动物养殖的有2 000人,从事毛皮加工和制作的有2 500人,从事零售业的有2 500人,有1 000多人从事其他相关的服务业。加拿大每年毛皮产量大约为200万张,野生毛皮和家养毛皮各占一半。在野生毛皮中,麝鼠皮占34%、河狸皮占22%、貂皮占17%、其他为狐狸、郊狼、松鼠和浣熊皮;在家养毛皮动物中,主要是水貂,其次是狐狸和毛丝鼠。加拿大的毛皮加工集中在蒙特利尔(80%以上)和多伦多省。

世界最大的毛皮拍卖公司是英国的哈得森海湾公司,该公司由鲁波特王子于1670年创建,是世界上最古老的贸易公司之一,被称为英格兰在哈得森海湾贸易的"探险者"。哈得森海湾公司主要经营毛皮业务,目前已发展为国际性的垄断组织,它

▲ 毛皮业巨头哈德森海湾公司在蒙特利尔的大楼。

在纽约、蒙特利尔、伦敦都设有分公司,组织各地的毛皮拍卖。在哈得森海湾公司总部所在地的海狸毛皮拍卖大厅,一年要举行四次综合性的毛皮拍卖,每次持续二周,其他拍卖则不定期举行,并且每次只卖一种毛皮,如波斯小山羊皮、貂皮等等。哈得森海湾公司主持拍卖的毛皮,一部分是公司自己出钱从世界各地收购来的,另一部分是为其他卖主代销。按惯例,在公司总部的拍卖大厅里举行的拍卖活动,都是首先从拍卖哈得森海湾公司经营的毛皮开始。哈得森海湾公司在伦敦的分公司哈得森海湾—安宁公司主要以代销方式,充当经纪人,组织毛皮商品的拍卖。

纽约拍卖有限公司是美国最大的毛皮销售专业跨国公司,其主要业务是销售养兽业

▲ 毛皮拍卖前的样品展示。

▲ 雪花飘飘,小商铺拍卖毛皮的生意依然火爆。

产品以及在美国和加拿大猎获的毛皮,其中水貂皮的拍卖为大宗贸易,该公司生意兴隆,财力雄厚。该公司总部设在美国纽约市,负责组织当地的水貂皮拍卖。此外,该公司还分别设有两个大型分公司,即"纽约拍卖有限公司(明尼苏达)"和"加拿大毛皮拍卖有限公司(魁北克)",由这两家公司负责在美国明尼苏达州和加拿大魁北克省的定期水貂皮拍卖。长期以来,由于纽约公司的不懈努力,已在纽约和魁北克省的蒙特利尔形成了世界上两个最大的水貂皮拍卖中心,每年吸引全球的大批客商前往竞价求购。

美国福克毛皮公司也是较著名的毛皮拍卖组织,在海狗皮的拍卖贸易上,它几乎垄断了全部市场,西方海狗皮贸易和经过加工的90%的海狗皮都由它经手销售,已成为许多国家海狗皮贸易的总代理人。该公司在格林维尔每年组织两次海狗皮拍卖,以美国、加拿大、南非共和国和乌拉圭政府的名义出售海狗皮。它的业务范围不仅限于这些大的客户,也和小场主、猎人打交道,把从个人手里收购来的海狗皮转手高价拍卖,只要能够赚钱,一切货源都不放过,从而也更加稳固地保持了公司在这方面的垄断地位。

由于毛皮品种较多,价格较贵,且每一种类的毛皮数量有限,因而毛皮拍卖独具特色。在毛皮拍卖中,准备阶段的工作是十分繁重的。首先,在拍卖前2~3个月,货主就应把自己想要销售的毛皮送到拍卖公司的仓库,由拍卖公司的技术人员根据毛皮的种类、质量、数量进行分类、分级。给毛皮定级、分类需要很高的技巧,因为即使是同一种类毛皮,每张质量也有差别。拍卖行中从事这些工作的人员都具有丰富的经验,买主一般都相

▲ 尽管在销售淡季,拍卖促销的广告还是大张旗鼓。

信拍卖行的分类。经过分类的商品再归类成货批,一个货批中的商品原则上质量都应相同。皮毛越珍贵,每一货批中的皮毛张数越少,如灰鼠皮一个货批一般 3 000 张左右,水貂皮一个货批一般在 200 张左右,而珍贵的黑貂皮每个货批仅在 50 张以内。

毛皮拍卖一般在拍卖前一个半月到两个月就开始发布拍卖公告。把拍卖时间、地点、毛皮种类、数量等有关事项通知竞买人。对于一些老客户和大竞买人,拍卖公司还发给广告性的拍卖预告、国际市场行情等资料。有意竞买的商人一般会仔细查看毛皮的货样,尤其是珍贵毛皮,对于仓库中存放的物品,大多数买主并不过多注意,因为他们相信拍卖组织者会按照惯例对商品进行分类。拍卖行也有责任向竞买人保证货样能够充分地反映它所代表的货批中的全部商品。

参加毛皮拍卖的竞买人多数是从事毛皮买卖的家庭式小企业,他们把通过拍卖购买的皮货,精细地加工成各种服饰,高价出售。这些买主通常不委托经纪人而是本人亲自购买。当然,也有一些大买主是委托海外代理机构或经纪人帮助购买。毛皮拍卖场上,竞价是在很平静的气氛中进行的,采用无声拍卖的方式,竞买人以各种手势代表自己的出价,拍卖的速度很快,一个货批平均不到 30 秒钟便可成交。

据统计,在国际毛皮拍卖市场中,美国和加拿大约售出其毛皮总产量的 70%,前苏联为 80%,丹麦为 90%,瑞典和挪威则分别为 95%,充分表现出国际拍卖是毛皮进入世界市场最主要的途径。1977 年起,我国一些专业进出口公司也开始通过经纪人参加由世界著名的英国哈得森海湾公司组织的伦敦国际毛皮拍卖会,从中取得了一定的经验。

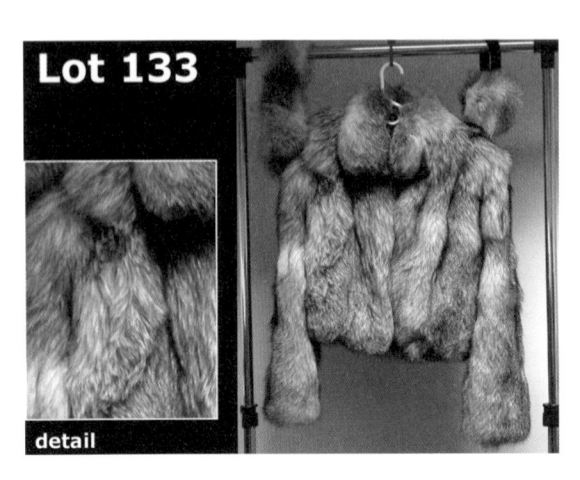

▲ 精品服饰拍卖品展示。

世界拍卖史

第十二章

中国拍卖市场的形成与发展

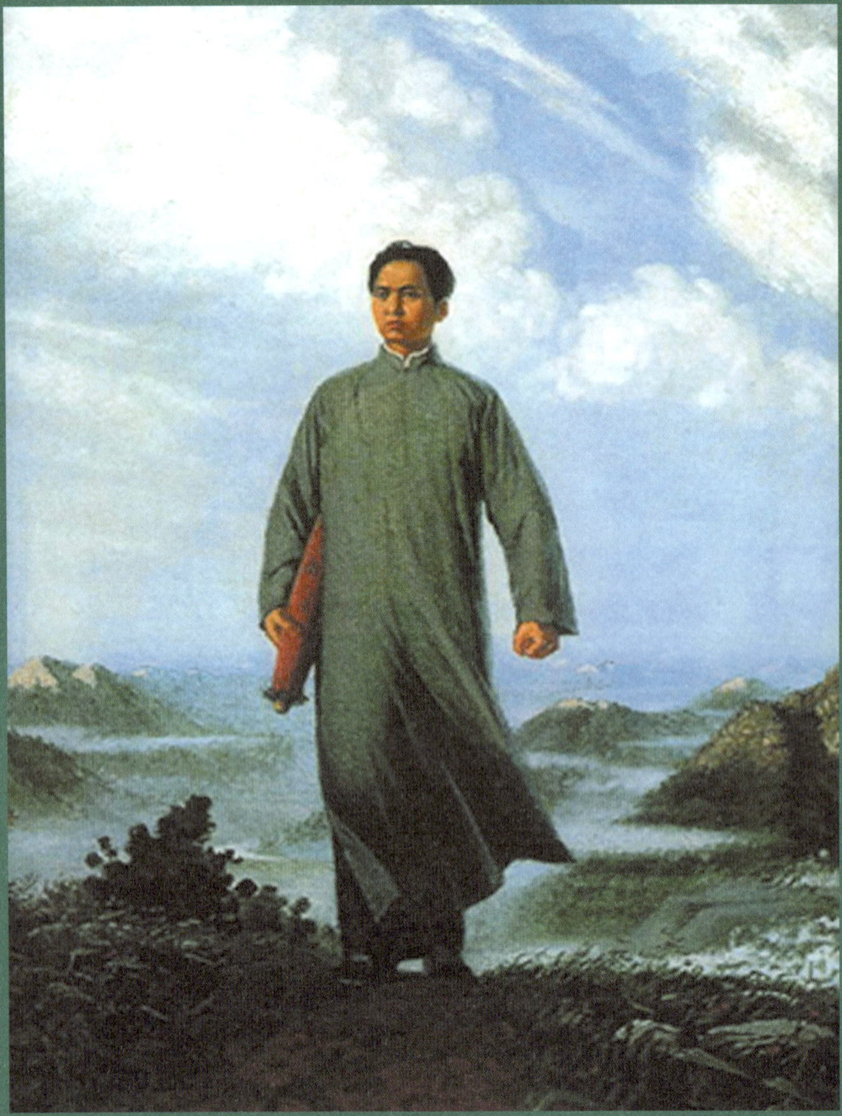

中国的拍卖行业自始至终与社会进步、经济发展并肩而行,从最早的寺院经济到目前的市场经济,拍卖活动随处可见。21世纪,中国的拍卖业进入了一个新的发展阶段,拍卖业的法制建设、队伍建设和理论建设都得到新的提高,文物艺术品拍卖的服务水平和经营业绩都取得了令人满意的成绩。中国的拍卖业已经步入了稳步、有序的发展时期,拍卖作为一种社会中介服务已经成为中国市场经济中的重要组成部分。

第一节　中国早期的拍卖活动记录

据历史文献记载,中国最早的拍卖活动出现于魏晋时期的寺院中,到唐朝初年,东岳泰山脚下的泰安,寺院经济已相当繁荣。当时流行着"唱衣"的做法。"唱衣"类似于现在的拍卖,不过卖的是去世僧人的衣物。随着拍卖的范围有所扩大,处置寺院贡品亦用此种方法,成为维持寺院经济、筹措善款的重要手段。"拍卖"一词最早出现于中国唐代。杜佑于唐贞元十七(公元801年)年所撰的《通典》一书称:唐玄宗二十五年(公元737年)诏令"诸以财务典质者,经三周年不赎即行拍卖",此处的拍卖与现在的拍卖已基本同义。

▲ 唐代佛教寺院经济发展到了兴盛阶段,寺院大规模的水碾硙经营活动,对于国家经济和管理制度都产生了重要影响。从佛教寺院水碾硙经营的角度进行考察,表明唐代寺院经济与当时国家制度有着密切的互动关系,其影响已深入到社会生活的各个层面。

拍卖业是带有典型市场经济特色的特殊行业。中国明代中期的社会经济生活中,出现了商品经济活动的萌芽,因而也就出现了拍卖行为的个案。当时拍卖活动的一些情况也反映到文学作品中,如冯梦龙的小说《醒世恒言》第十八卷"施润泽滩阙遇友"一文中描述,明嘉靖

▲ 冯梦龙的小说《醒世恒言》。

第十二章　中国拍卖市场的形成与发展　｜191

▲ 原英国怡和洋行大楼。

▲ 战争结束，原来的军用品战后成了剩余物资，被运去拍卖。

年间，江苏吴江县织工施复，因缫丝技高，所织绸质好，每每"拿上市去，人看时光彩润泽，都增价竞买，比往常每匹平添许多银子"。历史上，中国许多地方都出现过一些拍卖活动，但由于中国长期处于封建社会自给自足的自然经济条件下，商品生产规模及交换关系非常有限，导致拍卖业的发展极为缓慢。

1840年鸦片战争的爆发，西方资本主义列强强迫清朝政府签订了一系列不平等条约，中国从封建社会逐渐沦为半封建半殖民地社会。资本主义列强在将大量剩余物资倾销到中国的同时，也把他们所热衷的交易方式——拍卖，带到了古老的中国。至此，拍卖作为一种市场经济的衍生物开始在中国各地逐步发展起来。这一时期拍卖业的发展呈现出由南部向北部扩展的态势，并围绕着上海、广州等几个沿海城市形成了几个比较活跃的拍卖中心。

1874年，英国远东公司在上海开设了鲁意斯摩拍卖洋行。这家拍卖行拍卖较多的标的物是一些舶来品和大量的海关罚没物资。随后，英国的怡和洋行、罗森泰洋行、法国的三陆洋行、日本的新泰洋行、丹麦的宝和洋行等都纷纷挂牌，在上海滩做起拍卖生意。这些拍卖机构最初的主要业务是对进出口商品中的纠纷事件进行鉴定、估价、处理。继而，海关的没收物品、海洋运输中的水渍物品、银行委托的典押品以及保险公司、法院的一些物资也由它们代为处理和拍卖。同时，这些拍卖机构还兼为他人拍卖家具、旧货等。

此后一个时期，中国的商人和一些外国拍卖行的中国雇员们看到拍卖业投资少，易经营，也相继效仿办起了拍卖行。有"榔头大王"之称的怡和拍卖行便是其中一例。抗日战争期间,由于战争,上海港口外轮断绝,物资减少,拍卖行业一度严重萎缩。1945年抗日战争胜利以后,各国到中国的外轮开始复航,战后收缴的日伪敌产和汉奸的充公财物,以及水渍货物大量增加,进而促使拍卖业又重新兴旺起来。当时,国民党政府开设的官办拍卖行,接受委托拍卖日伪敌产和美军剩余物资,达到了相当大的规模(参见192页下图)。与此同时,民营拍卖行也开始大量恢复。

新中国成立初期,拍卖业曾有过一段短暂的繁荣。1952年"三反五反"期间,许多违法商户的资产被拍卖,以抵交罚没款,大量查禁物品也以拍卖方式处理。随着计划经济体制的确立,拍卖业受到了限制和制约。以上海为例,1955年私营企业公私合营前,拍卖行已由解放前的25家减为11家,以后又合并为7家。在国家对资本主义工商业进行社会主义改造过程中,这些拍卖行在1956年都合并到信托公司,其经营方式也由原来的拍卖转为寄售。1956年,财政部、司法部、中华供销合作总社联合发布了《关于各级人民法院处理、没收、追缴、拍卖物品的联合通知》,规定原由法院拍卖处理的物品,交由当地供销社收购,法院不再另行处理。从此拍卖交易方式在我国销声匿迹。

在一个相当长的时期里,中国在意识形态领域一直把拍卖等同于资本主义的经营方式,1979年版本的《辞海》中,对拍卖的释义为:"拍卖亦称竞买,是资本主义商业中的一种买卖方式,出卖者用叫价的办法把物品出售给出价最高的购买者(竞买人)。"到改革开放十年以后的1989年,《辞海》再版时才删除了"资本主义"四个字。

表2-1 1955年上海市11家拍卖行简况汇总表

项目 名称	创立年月	地址	登记资金(新币:元)	现有资金(净值.新币:元)	组织方式	从业人数(人)	业务范围	1954年营业额	营业面积(米²)	仓库面积(米²)	拍卖行负责人	歇业年月
大华	1929.11	广东路137号	2000	9892.82	独资	11	公证、鉴定、拍卖、估价	575739	2091	1184	杨赞君	1957.1
瑞和	1883	广东路16)号	4500		合股	30	拍卖、估价	950689	2700	9000	俞三星	19.8
华东	1874	四川中路49号	700	12940.84	有限公司	24	拍卖、估价	843914	1228	1115	苏业勤	1957.1
联谊	1950.9	北京东路151号	5800		合股	11	拍卖	185313	317		高亚东	1956.5
利生	1944.2	延安中路482号	1210	净损4089.34	独资	10	拍卖、寄售、估价	289973	193	154	刘季良	1958
华新	1947.1	南京西路860号	850	负债3000	独资	12	拍卖、公证、估价	300454	1100	849	王震	
中央	1935.1	延安中路1246号	200	2000	独资	7	拍卖、寄售	240952	575		谢鸿章	1957
公平	1943.10	淮海中路692号	1200	负债2768	独资	6	拍卖、寄售、估价	16830	800		沈宴康	1960年转寄售
通茂	1945	茂名南路85号	230	负债8459.52	独资	9	委托拍卖	170445	110	27	姚雄敏	1952.12
宜和	1949.11	延安中路557号	2000	5180	独资	12	拍卖、寄售、估价	355695	800	46	钱伯熙	合营转寄售
国际	1942.5	陕西南路38号	500	604.15		6	拍卖、估价	99038	300	30	刘耿耀	

注:本表主要根据上海市贸易信托公司1955年长期卷第232-39#汇编。

▲1955年上海11家拍卖行统计资料表。

第二节 中国拍卖业的恢复和发展

20世纪80年代，随着中国经济体制改革的不断深化，市场经济体制的逐步确立和完善，拍卖这种特殊流通方式开始得以恢复和发展，并在经济生活中扮演着越来越重要的角色。1985年9月，上海海事法院依据事实和中国法律，在上海以43万美元的价格拍卖了巴拿马籍"帕莫娜"号货轮。同一期间，阿根廷籍货轮"拉果·阿卢米内"号和巴拿马籍的"拉恩·萨里那斯"号也被拍卖。1986年7月，沈阳拍卖了一家严重亏损的国营小店；同年9月，沈阳防爆器材厂因破产而被拍卖；11月，北京有6家、天津有5家国营小店相继被拍卖。

▲沈阳市防爆器材厂原址。

1986年11月，国营广州拍卖行成立，该消息一度成为新闻热点而轰动全国，标志着在我国中断30年的拍卖业得以正式恢复。继国营广州拍卖行成立之后，1987年，上海物资拍卖行创立，开展生产资料的拍卖业务；1988年2月，天津市也将蓝白方格为标志的拍卖旗高高挂起，成立了天津拍卖行；1988年5月14日，由北京市陆宇澄副市长主持宣布北京市拍卖市场开业，与此同时，沈阳、成都、哈尔滨、长春、郑州、大连等城市都相继建立了拍卖企业。

1992年8月30日，国务院办公厅颁发了《国务院办公厅关于公物处理实行公开拍卖的通知》（国办发[1992]48号），正式明确了拍卖在国家经济生活中的重要地位。在这个文件的鼓舞下，中国拍卖业走上了快速发展的道路，各省市拍卖企业如雨后春笋般地发展起来，拍卖成交额也以几何级数增长。据统计，1993年全国有拍卖企业120家，年拍卖成交额在1亿元左右；1994年，全国拍卖企业增

▲1992年8月30日，国务院办公厅颁发了《国务院办公厅关于公物处理实行公开拍卖的通知》（国办发[1992]48号），正式明确了拍卖在国家经济生活中的重要地位。

加到200家，年拍卖成交额达10多亿元；1995年，全国有拍卖企业300多家，年拍卖成交额达80亿元。

1997年《中华人民共和国拍卖法》（以下简称《拍卖法》）的实施，标志着中国拍卖业的发展步入法制化、规范化的管理轨道。1996年，全国有拍卖企业580多家，年拍卖总成交额达100亿元人民币；到2005年，仅10年时间，全国拍卖企业就增加到4 000多家，从业人员达到50 000多人，全国拍卖成交额高达2 528亿元，2007年总成交额达3 279亿元。

▲ 从拍卖业回复到21世纪初期，行政执法部门的物资是拍卖企业的主要标的。

中国拍卖行业1995～2007年拍卖成交额比例图

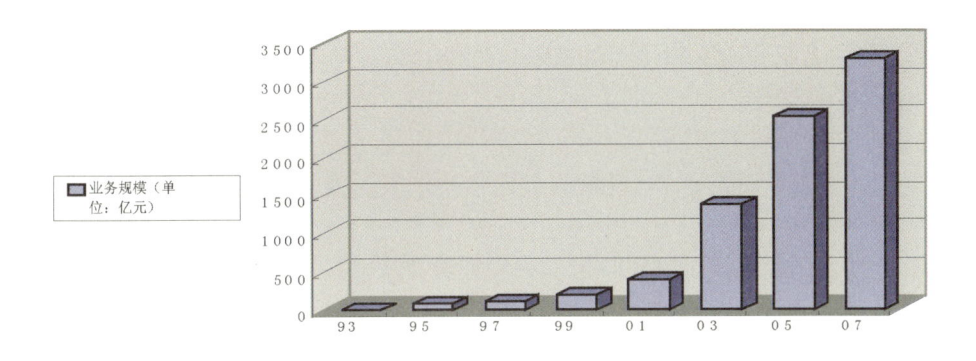

经过二十年的不断拓展，中国拍卖行业的服务领域已涉及商业、物资、纺织、邮电、铁路、房产、金融、文物、土地等十多个行业；拍卖标的从最初的执法部门的罚没物品，扩大到国家政策允许流通的各种物品、财产权利或无形资产，如：土地使用权、房屋、文物、字画、邮品、图书、音乐作品、科技成果、破产企业财产、市场摊位、汽车牌照、电话号码、广告时段、体育明星奖

▶ 不动产在拍卖成交额中一直占有很大的比例。

第十二章　中国拍卖市场的形成与发展

牌等等。拍卖机构的普及和拍卖业务的拓展，促进了中国拍卖市场的全面发展，初步形成公物拍卖市场、房地产拍卖市场、企业产权拍卖市场、文物艺术品拍卖市场、无形资产拍卖市场和机动车拍卖市场等六个市场板块。

进入 21 世纪，中国的拍卖业逐步进入正常发展时期，拍卖企业组织也呈现出了明显变化。具体表现为：

第一，投资主体多元化，现代企业制度开始形成。新注册的拍卖企业都已经按《公司法》要求，具有两个或两个以上的股东。一些党政机关开办的拍卖企业或事业单位与原主办单位脱钩，改制为有限公司，原有的国有独资企业也开始改制为有限公司。到 21 世纪初，大部分拍卖企业基本上都改制为多元主体投资的有限责任公司。随着拍卖企业改制为拍卖公司，投资主体多元化、产权明晰，是法律意义上的民事主体，能独立决策、独立经营、独立承担民事责任，现代企业制度已经基本形成。

第二，企业数量继续快速增长，竞争激烈，企业出现分化。由于公物和司法强制拍卖低投入、低风险、高回报的特点，拍卖公司的基本业务依然以争取法院、资产管理公司、银行等部门的业务为主。一批公司在竞争中崛起，成为地区乃至全国的领头羊，如从事艺术品拍卖的中国嘉德国际拍卖有限公司年成交额大幅度增加，2008 年年成交总额达 18 亿元；从事综合类拍卖业务的上海拍卖行有限公司与中央电视台连续十多年每年举办黄金时段广告拍卖，获得殊荣。

第三，企业经营行为得到规范。《拍卖法》不仅对拍卖企业的设立进行了规范，还对从接受委托、公告、拍卖的现场组织、交割等经营行为作出了明确规定，同时明确了对拍卖业的监管和法律责任。依法设立的中国拍卖业协会也先后出台了一系列针对拍卖企业、拍卖师和其他拍卖从业人员的制度规定。一系列法律法规的出台和实施，使得拍卖业经营行为逐步规范，整体素质日渐提高。

◀ 上海拍卖行有限公司与中央电视台连续 10 多年每年举办黄金时段广告拍卖，获得殊荣。

第三节　文物艺术品拍卖渐入佳境

文物艺术品拍卖是我国拍卖市场的重要组成部分。20世纪80年代后期,我国改革开放的深入造就了政通人和、百业俱兴的社会环境,经济的发展促进了人民物质生活水平的迅速提高。富而思文和恢复文化传统的社会思潮逐步形成,对文物艺术品价值和价格的重新认识,使中国历史上空前规模的全民性文物艺术品收藏开始回暖并迅速升温。拍卖这种特殊的买卖方式在80年代中期的复苏,给文物艺术品进入市场提供了一种公认的交易模式。

在我国拍卖业恢复初期,就开始出现了文物艺术品的拍卖活动。1988年5月,北京市拍卖市场在自己公司举办的第一次拍卖会上就拍卖过一件明式圈椅,该标的被澳大利亚人瑞得曼先生以2 000元购得。自此,中国拍卖行业开始了对文物艺术品拍卖的初步探索。1991年2月9日,荷兰商人彼德·扬森在北京市拍卖市场和北京广告公司共同举办的联谊活动中,提出在北京举办"中国旅游国际拍卖会"活动的建议。该建议得到了北京市有关部门的批准,并将活动确定为"92北京国际拍卖会"。经过近一年多的筹备,"92北京国际拍卖会"于1992年10月9日开始展样,11~14日进行了拍卖。

▲ 经过一年多的筹备,"92北京国际拍卖会"于1992年10月9日开始展样,11~14日进行了拍卖。图为拍卖会现场。

▲ 为拍卖会印制的图录。

1993年2月,上海朵云轩艺术品拍卖公司宣告成立,1993年5月,中国嘉德国际文化珍品拍卖有限公司成立,同年12月更名为中国嘉德国际拍卖有限公司。1994年3月,嘉德在北京举办了首届大型春季拍卖会,其中一幅张大千的《石梁飞瀑》拍出209万元,创造了当时中国书画拍卖成交的最高记录。1994年2月,国内首家由文物经营单位设立的拍卖公司——北京翰海艺术品拍卖公司宣告成立。9月,该公司举办首场拍卖会,总成交额3 338万元。1994年8月14日,北京市拍卖市场与新加坡泰星阁合作,在新加坡文

第十二章　中国拍卖市场的形成与发展　　197

▲ 1993年5月，中国嘉德国际文化珍品拍卖有限公司成立，同年12月更名为中国嘉德国际拍卖有限公司。

▲ 中国文物艺术品拍卖市场的发展，得到了国内著名文博专家的关注，积极为拍卖市场的健康发展培训专业人才。

物馆女皇厅成功举办了"中国书画、古董相机、邮品拍卖会"。同年，北京市的书画经营百年老店荣宝斋也设立了拍卖公司——荣宝拍卖公司，1995年，中商盛佳拍卖公司（现为中贸圣佳拍卖公司）宣告成立。随后，广东、天津、四川等地陆续出现了多家文物艺术品拍卖机构。

中国拍卖行业协会的统计资料表明：1994年，北京、上海、南京、广州、西安等地共举办艺术品拍卖会10多次，总成交额为1.5亿元左右。1995年，全国文物艺术品拍卖成交额达3.5亿多元。1996年，全国文物艺术品拍卖成交额突破4.5亿元。2008年，全国具有文物艺术品拍卖资质的企业已有135家，成交额达130亿元。

1996年7月5日，第八届全国人大常委会第二十次会议通过了《中华人民共和国拍卖法》，并于1997年1月1日开始实施。从此，包括文物艺术品拍卖在内的中国拍卖业，真正步入了法制的轨道。虽然《中华人民共和国拍卖法》中有关文物艺术品拍卖的条款规定得并不详尽，但首次出现的"文物拍卖"内容，使文物艺术品拍卖机构及其经营活动真正具有了合法地位。

随着国内拍卖市场的发展，回流文物的规模、档次和价位逐渐提高，这一规定所产生的历史价值无可限量，影响极为深远。1998年，中国文物艺术品拍卖在经过了一段时间的高速发展之后，开始步入一个调整时期。其表现为企业数量增加减缓，拍卖场次有所下降，全国成交总额增加速度减缓。这一年，《中华人民共和国拍卖法》开始实施。我国文物艺术品拍卖进入了一个以法制建设、行业规范为主导的市场调整时期。1999年11月，中国拍卖行业协会设立了文化艺术品拍卖专业委员会，把文物艺术品拍卖的骨干企业团结在一起探索发展和规范的新路。

2002年10月,修订后的《中华人民共和文物保护法》正式颁布,随后又颁布了《中华人民共和文物保护法实施细则》。这两部法律法规以很大的篇幅,首次明确了民间文物收藏与文物拍卖的合法性,详细规定了文物艺术品拍卖过程中的操作规范和法律责任,文物拍卖机构的设立、资质许可等也被纳入法定管理的轨道。学习境外知名拍卖机构的经营理念和操作规范,是我国文物艺术品拍卖企业迅速走向成功的一项重要经验。

▲ 中国文物艺术品市场的国际交流日趋频繁,国际著名拍卖公司苏富比、佳士得先后在上海、北京设立了办事处。图为佳士得公司高层拜会著名文物专家、原国家文物局局长张德勤。

在1998~2002年这一期间,中国文物艺术品拍卖市场虽然增长速度有所放缓,并经历了一个市场格局的调整期,但并没有止步不前。骨干企业的成交业绩仍在稳步上升,一个个新的成交记录也在不断地被创造、被刷新。2002~2007年是我国文物艺术品拍卖成交额大幅提高的阶段,根据雅昌艺术网的统计数据,中国艺术品在全球的拍卖额呈直线上升趋势。2000年12.5亿元;2001年13.7亿元;2002年20.3亿元;2003年26.6亿元;2004年77.5亿元;2005年156亿元;2006年165.9亿元;2007年231.7亿元;2008年201.4亿元。

◀ 2005年6月,中国拍卖行业协会在北京举办2005中国文物艺术品拍卖国际论坛,引起国内外收藏家、艺术品爱好者的高度关注。

第十二章　中国拍卖市场的形成与发展

第四节　嘉德：中国艺术品拍卖的旗帜

▶中国嘉德国际拍卖有限公司创始人、第一任董事长陈东升，也是泰康人寿保险股份有限公司董事长兼首席执行官。

说到中国的艺术品市场，提及中国的拍卖行业，有一个名字不能不提，那就是中国嘉德。1993 年 5 月中国嘉德正式成立，是国内最早以经营中国文物艺术品为主的综合性拍卖公司，在中国大地上打开了艺术品投资领域的大门。如今，中国嘉德已经崛起成为了今天的业界翘楚，嘉德人以自己的务实和锐意，塑造着自己，也影响着整个中国的艺术品拍卖市场，在拍卖业界，中国嘉德代表了诚信、实力与品质。正如中国嘉德国际拍卖有限公司董事总裁王雁南女士所说："作为中国拍卖行业的先行者和见证者，嘉德人始终秉承专业、诚信的职业操守，致力于开拓中国文物艺术品拍卖市场以及文化遗产的传承和保护。我们希望能让越来越多的人更加了解中国文化遗产，热爱中国的文物艺术品，加入到保护和传承中华文明的大家庭中来。"

作为中国拍卖行业的领军者，中国嘉德目前已在上海、天津、香港、台北、东京及纽约设立了分支机构，业务范围涵盖了中国书画、瓷器工艺品、油画雕塑、影像艺术、古籍善本、邮品钱币铜镜、珠宝翡翠等艺术品专业门类。深厚的企业实力和专业的精英团队，使中国嘉德不仅为客户提供了全方位的优质服务，更营造了良好的公信氛围。中国嘉德首批并连续被评为中国拍卖企业"AAA"级最高资质企业，并被政府工商行政管理部门授予守信企业称号。通过十几年的发展，中国嘉德聚集了成千上万的优秀客户，嘉德人以诚相待，树立了良好的口碑，许多人已经成为嘉德的益友与知音。

1994 年 3 月，中国嘉德成功举办了首场规模盛大的拍卖会，共计 244 件拍品，成交金额达 1 423 万元人民币，是中国艺术品拍卖有史以来成交额最大的一

▲1994 年 3 月，中国嘉德成功举办了首场规模盛大的拍卖会，成交金额达 1 423 万元人民币，是中国艺术品拍卖有史以来成交额最大的一次。

世界拍卖史

次。从首件拍品吴熙曾的《渔乐图》开始,中国嘉德迈出了坚定而踏实的前进步伐。截止2009年5月,中国嘉德共举办了300余场拍卖会,拍品总数近20万件;中国嘉德2007年秋季拍卖会上,一幅明代仇英所作《赤壁图》以7 952万元人民币成交,创作了中国绘画艺术作品拍卖价格的世界纪录;2008年,中国嘉德全年总交易额突破18亿元人民币,为十五年来最高年度交易额,继续保持着中国内地拍卖企业总交易额首位。

▲ 赤壁图

中国嘉德一直非常关心国内的文物保护事业,积极配合政府管理部门开拓文物艺术品拍卖的发展思路,参与并促使诸如境内民间珍贵文物"定向拍卖"和"海外回流文物复出境"等系列政策法规的出台,赢得了行业内外的尊重和信赖。在中国嘉德的努力下,诸多国宝级的珍品如"翁氏藏书"、"宋徽宗写生珍禽图"、"唐摹怀素食鱼帖"、"宋高宗手书养生论"、"朱熹春雨帖"和"出师颂"等重要拍品,或从海外回归大陆,或从民间流向重要收藏机构。在这方面,中国嘉德不仅得到了国内各大馆藏机构的认可,还得到了海外的认可,2007年,中国嘉

▲ 中国嘉德国际拍卖有限公司的核心人物陈东升(中)、王雁南(左)、寇勤(右)。

德接受美国波士顿美术馆委托推出波士顿馆藏专题拍卖,共316件藏品全部拍出,总成交额超过1 000万元人民币,开创了中国拍卖公司接受海外博物馆的委托的先河,成为国内拍卖行业发展的又一里程碑。

中国嘉德深谙"收藏的根基和源泉在民间"的道理,一直积极投身于将艺术品收藏推广到民间的事业。1994年,中国嘉德首创为社会大众收藏服务的"大礼拜拍卖会",以平易朴实的风格为大家称道。1995年"大礼拜拍卖会"更名为"周末拍卖会",十多年间,共举行拍卖会83场,成功交易艺术品10万余件。2005年,为适应艺术品市场的发展需求,"周末拍卖会"变更为"嘉德四季拍卖会",每季度举行一次。延续至今日,"嘉德四季"已形成良好的品牌效应,其准确的市场定位和独特的品牌魅力得到了广大客户的认可和喜爱。2008年共举行了四场嘉德四季拍卖会,总成交逾4.44亿元人民币,创出嘉德四季年成交总额新高。

企业也应该担当应有的社会责任,这一直是中国嘉德所秉持的重要经营理念。十多年来,中国嘉德一直致力于履行企业的社会责任,做良好的企业公民。2008年,中国嘉德

▲ 文化是嘉德公司的一颗大树,所有的活动与文化水乳交融。

荣膺 2007 年度全国商务服务业纳税百强,成为上榜唯一拍卖企业。同年,中国嘉德主办三次慈善义拍,其中,"共同渡过·中国当代艺术界赈灾义拍"是国内当代艺术界规模最大的赈灾义拍之一,全场总成交额突破 5 100 余万元人民币,全部拍卖所得捐献灾区。在此之前,2008 年 3 月底,中国嘉德与中华慈善总会合作,共同主办了"真情无价·真爱永存——中国当代艺术品慈善拍卖会",所募集的 808 万元人民币善款全部捐赠给中华慈善总会"救助白血病儿童"项基金。除此之外,中国嘉德还举办了"爱心大使奥运火炬义拍",共筹集善款 315 万元全部用于支持四川地震灾区教育事业的恢复重建。

中国嘉德整体实力不仅仅受到业界肯定,品牌还获国际认同,2008 年获两大重量级独家授权。中国嘉德在奥博会期间获独家授权举办"北京 2008 年奥林匹克博览会·中国嘉德专场拍卖会",这是史上首场以奥林匹克博览会名义举办的拍卖会,富有深刻的历史意义和开创性。此外,2009 年 4 月"中国 2009 年世界集邮展览"在河南洛阳举行,中国嘉德作为独家拍卖权合作机构,在邮展期间举办了"中国嘉德 2009 世界邮展专场拍卖会",获得巨大成功。这是继 1999 年中国嘉德获得世界邮展拍卖独家授权后,再获此项殊荣。中国嘉德连连活动重大国际活动的独家拍卖授权,是对中国嘉德企业实力及业界地位的极高肯定。

▲ 权威的艺术品鉴赏专家团队是嘉德公司重要的核心力量。

第五节　行业协会推进市场稳步发展

▲1995年6月21日至23日,"中国拍卖行业协会成立大会暨第一届会员代表大会"在人民大会堂举行。

中国拍卖行业的发展,与中国拍卖行业协会息息相关。1994年12月31日,中国拍卖行业协会由中华人民共和国民政部核准登记成立。1995年6月21日至23日,"中国拍卖行业协会成立大会暨第一届会员代表大会"在人民大会堂举行,时任全国人大副委员长的王光英出席大会,并对拍卖行业的发展和行业协会的成立寄予了殷切期望。从此,在中国拍卖行业协会的不断努力下,中国拍卖行业走上了更为快速、规范的发展道路。

为了更好地促进拍卖行业的健康发展,成立之初,中国拍卖行业协会就积极参与到了《中华人民共和国拍卖法》(下称《拍卖法》)的制定工作当中。实际上,作为我国拍卖行业的根本大法,《拍卖法》的诞生来之不易,凝聚着协会和全

▶时任全国人大副委员长的王光英出席大会,对拍卖行业的发展和行业协会的成立寄予了殷切期望,题词:规范拍卖行为,发展拍卖市场。

规范拍卖行为
发展拍卖市场
　　　王光英

第十二章　中国拍卖市场的形成与发展

体行业同仁的智慧和心血。中国拍卖行业协会成立后,首要的工作就是配合政府主管部门,积极参与《拍卖法》的起草调研工作,组织会员单位和有关拍卖企业对《拍卖法》(送审稿)进行认真的讨论,提出修改意见,数易其稿,终有成果。这部拍卖业的根本大法,在1997年7月1日正式实施后,成为了中国拍卖业至今健康发展的根本保障,有力地促进了中国拍卖行业的大发展。

从20世纪末到21世纪初,我国拍卖业进入了快速发展阶段。人才兴业,中国拍卖行业协会把人才发展战略列入行业可持续发展的一个重要步骤。协会首先在全国成立了三个培训中心,长期开展从业人员培训工作。随后,又逐步建立了拍卖从业人员、拍卖师、高级管理人员以及专业拍卖人员的培训和教育体系,标志着中国拍卖行业职业教育体系进入了正常发展的轨道。2008年底,全国已经拥有了九千多名拍卖师,其中,不乏博士、硕士和海归,为拍卖行业的发展和壮大提供了有力保障。

进入21世纪,为了提升中国拍卖业的发展水平,实现拍卖业的可持续健康发展,中国拍卖行业协会锐意改革,创新思路,在规范行业行为、整顿市场秩序方面,配合政

▲ 中国拍卖行业协会会长张延华对行业的发展高瞻远瞩,率先在拍卖行业推行标准化。张会长认为:拍卖企业要生存、要发展、要壮大,必须走标准化之路,这是大势所趋;搞标准化的本意是给行业插上翅膀,增强企业的竞争力;企业要发挥各自所长,走专业化的道路,专业化的前提就是标准化。

府管理部门积极开展各项活动,做了大量卓有成效的工作。从1999年起,中国拍卖行业协会适时推动行业诚信体系建设,先后颁布了《中国拍卖行业协会关于加强行业自律、反不正当竞争的决定》、《关于加强拍卖师监督管理的若干规定》(暂行)和《关于加强行业自律的若干规定》等行业性自律文件,这些文件整合覆盖了全行业拍卖企业和拍卖师的自律行为,为行业内外判别拍卖活动中的违法违规行为提供了详细的可操作性的标准。

2001年,为适应加入世界贸易组织的新形势,中国拍卖行业协会启动了拍卖企业资质评定工作。经过多年的摸索和调整,拍卖企业的资质评定工作得到了业内和社会上的广泛认可,评定的结果也被越来越多的部门所接受,对促进企业加强管理、提高整体素质,提升全行业总体水平起到了积极的作用。

企业资质评定工作在资质评定的基础上,经过几年的酝酿,2007年拍卖行业标准化工

▶ 为了更好地为拍卖企业提供有效的服务，中拍协法律咨询委员会定期召开理论研讨会，研究解决企业经营中的实际问题，有效地维护了拍卖企业的合法权益。

作开始启动，2008年，经国家标准委批准，在商务部的指导下，全国拍卖标准化技术委员会正式成立，《文物艺术品拍卖规程》、《机动车拍卖规程》、《不动产拍卖规程》、《拍卖师操作规程》和《拍卖业通用术语》等专业规程的起草工作开始有序展开，这标志着拍卖业的标准化工作在组织机构上正式走向正轨，同时也为行业未来的科学发展提供了新的保障。

为了更好地实现协会"努力为政府部门和会员单位服务，维护拍卖行业的合法权益，增强拍卖行业的凝聚力和自我发展能力"，发挥行业协会桥梁、纽带、协调、服务的功能，中国拍卖行业协会多年来还做了很多不懈的努力：

第一，协助政府部门制定、调整和实施相关政策法规。近十年来，协会就不同时期拍卖企业遇到的典型政策问题，如机动车拍卖、股权拍卖、文物拍

▲ 中拍协还通过《拍卖市场通讯》、《中国拍卖通讯》以及各省市协会的刊物等，开展各类信息和业务交流，中拍协主办的《中国拍卖》杂志自创刊以来，已经成为中国拍卖行业理论与实践的权威刊物。

第十二章　中国拍卖市场的形成与发展

卖、委托竞拍、回流文物拍卖外汇出境等问题,积极向全国人大法工委、国务院法制办等部门汇报,积极做好协调工作,收到了不同程度的效果。第二,为拍卖企业提供法律咨询服务和信息服务。为更好地为拍卖企业提供有效的服务,切实保障企业的合法权益,促进拍卖企业合法经营,中拍协法律咨询委员会和中拍协文化艺术品拍卖专业委员会发挥了积极的作用,有效地维护了拍卖企业的合法权益。第三,中拍协还通过《拍卖市场通讯》、《中国拍卖通讯》等内刊,组织会员开展各类信息和业务交流。中国拍卖行业协会主办的《中国拍卖》杂志自创刊以来,已经成为中国拍卖行业的权威舆论和导向。2005年6月19日,中国拍卖行业协会网站全新开通,建成了一个集信息交流、服务、管理等多功能为一体的高质量的网络平台,大大提升了全行业信息化管理水平。

中国的拍卖业已经进入了持续、稳定、健康发展的坦途,走向国际市场的大门已经敞开。中国拍卖行业协会作为促进行业发展的中坚力量,必将继续发挥更大作用。

▲2008年10月,全国拍卖标准化技术委员会等四个标准化技术委员会在京召开成立大会,标志着我国流通领域标准化组织建设的日趋完善。

◀中国的拍卖行业恢复20多年来得到了社会各界的关爱和支持,但拍卖行业在中国的流通领域尚属一颗刚出土的幼苗,成长中需要拍卖企业自身的不断努力和政府管理部门的呵护。

参考文献

一、中外文图书

1. Brian Learmount, A History of The Auction, 1985 Barnard&Learmount
2. P.A. Colson, The Story of Christie's, London, 1950
3. H.C. Marillier, Christie's, 1766–1925, London, 1926
4. W. Roberts, Memorials of Christie's, 2 vols, London, 1897
5. Peter Watson, "Sotheby's: The Inside Story", 1998. Random House
6. Robert Lacey "Sotheby's: Bidding For Class", 1998 Little Brown & Co
7. (英)彼得·杰伊. 财富的历程. 北京:国际文化出版公司 2005 年版
8. (法)让·里瓦尔著. 货币史. 北京:商务印书馆 2001 年版
9. (法)让·里瓦尔著. 银行史. 北京:商务印书馆 1997 年版
10. (英)纳撒尼尔·哈里斯. 古埃及生活. 太原:希望出版社 2006 年版
11. (英)纳撒尼尔·哈里斯. 古希腊生活. 太原:希望出版社 2006 年版
12. (法)孟德斯鸠著 孙立坚等译, 论法的精神. 西安:陕西人民出版社 2001 年版
13. (英)赫德逊著, 李申, 王遵仲等译. 欧洲与中国/中外关系史名著译丛. 北京:中华书局 2004 年版
14. 阎宗临著. 世界古代中世纪史. 桂林:广西师范大学出版社 2007 年版
15. 中国拍卖行业协会编著. 中国拍卖 20 年. 北京:知识出版社 2007 年版
16. (澳)特纳著, 周子平译. 香料传奇:一部由诱惑衍生的历史. 生活·读书·新知三联书店 2007 年版
17. (日)海野一隆著, 王妙发译. 地图的文化史. 北京:新星出版社 2005 年版
18. (美)阿莫斯图著, 何舒平译. 食物的历史. 北京:中信出版社 2005 年版
19. (法)巴比耶著, 刘阳等译, 书籍的历史——西方文明进程丛书. 桂林:广西师范大学出版社 2005 年版
20. (英)布莱克著, 张澜译. 地图的历史. (彩色人文历史). 桂林:广西师范大学出版社 2006 年版
21. (法)施纳普, 勒布莱特著, 吉晶, 高璐译. 100 名画:古希腊罗马历史. 桂林:广西师范大学出版社 2007 年版
22. (英)米切尔编, 贺力平译. 帕尔格雷夫世界历史统计 北京:经济科学出版社 2002 年版

23. 连心豪著.中国海关对外贸易.长沙:岳麓书社 2004 年版
24. 潘潘,方振宁等著.美索不达米亚艺术.桂林:广西师范大学出版社 2003 年版
25. (意)哥伦布(Coilombo,C)著.哥伦布日记:图文典藏.呼和浩特:远方出版社 2003 年版
26. (法)安德烈·马尔罗著,李瑞华,袁楠译.无墙的博物馆(艺术史插图珍藏本).桂林:广西师范大学出版社 2001 年版
27. (法)德拉克罗瓦著,李嘉熙译.德拉克罗瓦日记.桂林:广西师范大学出版社 2002 年版
28. (英)卢西－史密斯著,朱淳译.世界工艺史.杭州:中国美术学院出版社 2006 年版
29. 中央美术学院艺术市场分析研究中心编著.艺术财富.长沙:湖南美术出版社 2006 年版
30. (美)牟复礼,(英)崔瑞德编,张书生等译.剑桥中国明代史.北京:中国社会科学出版社 1992 年版
31. 郑曦原编.帝国的回忆:《纽约时报》晚清观察记.北京:当代中国出版社 2007 年版
32. 顾丞峰主编.艺术中的传播——中国艺术史坐标系列丛书.长春:吉林美术出版社 2006 年版
33. (英)雷根著,马茂祥译.皇室的谬误.济南:山东画报出版社 2007 年版
34. (英)波斯坦等主编,王春法等译.剑桥欧洲经济史(第四卷).北京:经济科学出版社 2003 年版
35. 纪宗安著.9 世纪前的中亚北部与中西交通.北京:中华书局 2008 年版
36. (美)M.罗斯托夫采夫著,马雍,厉以宁译.罗马帝国社会经济史.北京:商务印书馆 1985 年版
37. (英)鲁宾逊著,安维华,钱雪梅译 剑桥插图伊斯兰世界史——剑桥插图世界历史系列.北京:世界知识出版社 2005 年版
38. (美)杰弗里·帕克等著,傅景川等译.剑桥插图战争史.济南:山东画报出版社 2004 年版
39. (英)琼斯著,杨保筠等译.剑桥插图法国史.北京:世界知识出版社 2004 年版
40. 李万康编著.艺术市场学概论.北京:世界知识出版社 2005 年版
41. (法)福西耶主编,陈志强等译.剑桥插图中世纪史(350～950 年).济南:山东画报出版社 2006 年版
42. (英)马歇尔著,樊新志译.剑桥插图大英帝国史.北京:世界知识出版社 2004 年版
43. (美)伊佩霞著;赵世瑜,赵世玲,张宏艳译.剑桥插图——中国史.济南:山东画报出版社 2002 年版
44. (意)艾柯编著,彭淮栋译.美的历史.北京:中央编译出版社 2007 年版
45. 江滢河著.清代洋画与广州口岸.北京:中华书局 2007 年版
46. (英)波斯坦等主编,王春法等译.剑桥欧洲经济史(第六卷).北京:经济科学出版社 2002 年版
47. 章利国著.艺术市场学——中国艺术教育大系·美术卷.杭州:中国美术学院出版社 2003 年版

48.(英)柯伦柏著,钟鸿钧译.拍卖:理论与实践.北京:中国人民大学出版社 2006 年版
49.程祝君波著.艺术品拍卖与投资实战教程.上海:上海人民美术出版社 2006 年版
50.(日)富田升著,赵秀敏译.近代日本的中国艺术品流转与鉴赏.上海:上海古籍出版社 2005 年版
51.(美)米格罗姆(Milgrom,P.)著,杜黎,胡奇英等译.拍卖理论与实务.北京:清华大学出版社 2006 年版
52.(美)凯格尔,莱文编,董保民译.共同价值拍卖与赢者灾难.北京:中国人民大学出版社 2007 年版
53.(法)詹泊尔著,李嘉熙,文佩琳译.画商詹泊尔日记.桂林:广西师范大学出版社 2003 年版
54.(美)艾梅霞著,范蓓蕾,郭玮等译.茶叶之路.北京:中信出版社 2007 年版
55.(美)宾著,张立梅译.罗马公司.北京:中信出版社 2007 年版
56.(美)帕克斯著,王琴译.美第奇金钱.北京:中信出版社 2007 年版
57.(美)伯恩斯坦著,易晖译.财富的诞生——现代世界繁荣的起源.北京:中国财经出版社 2007 年版
58.(美)伊斯比编,陈华明,高淑芳译.文明的起源.北京:外语教学与研究出版社 2007 年版
59.(英)保罗·西布莱特著,梁娜译.陌生人群:一部经济生活的自然史.北京:外语教学与研究出版社 2007 年版
60.中国拍卖行业协会主编.《中国拍卖 20 年》.北京:知识出版社 2007 年版

二、Internet

http://en.wikipedia.org
http://www.sothebys.com
http://www.christies.com
http://www.artprice.com
http://www.google.com

三、Professional Websites(Museums and Art Galleries)

Museum Victoria
Canada Agriculture Museum
National Museum of Fine Arts
National Art Museum of China
National Museum of Finland
German National Museum
National Museum of Germany

National Gallery (Athens)
State Museum of Contemporary Arts
National Museum, New Delhi
National Museum of Ireland
Latvian National Museum of Art
State Historical Museum
Russian Museum
South African National Museum of Military History
National Museum and Art Gallery, Trinidad
British Museum
National Army Museum
National Gallery
Museum of London
Museum of Scotland
American Art Museum
Freer Gallery of Art
National Gallery of Art
National Museum of African Art
National Museum of American History

后　记

　　1992年秋季，'92北京国际拍卖会在北京21世纪饭店敲响了第一槌。这场新中国成立以来的第一次国际拍卖会在当时掀起了轩然大波，引发了社会各界的争论。人民日报等报刊当时登载文章称：文物拍卖问题成为海内外关注热点，社会各界褒贬不一：一种认为文物拍卖是加快改革开放、增加财源的新举措，应该继续搞下去；另一种观点则完全相反，认为这是对祖国文化遗产的出卖。

　　当时，我对此很纳闷：文物商店一直在买卖文物，为什么拍卖就变成"卖国"了呢？左思右想，问题可能就在拍卖交易的方式上。果然：1979年出版的《辞海》对拍卖的释义是："拍卖亦称竞买，是资本主义商业中的一种买卖方式"；而1989年重版的《辞海》对拍卖的释义改为："商业中一种买卖方式"，删去了"资本主义"四个字。1986年我国已恢复了拍卖业，为什么国人在1992年还对拍卖文物如此敏感呢？

　　撰写《世界拍卖史》的萌动始于1995年，当年的10月1日，由中国拍卖行业协会投资、上海拍卖行筹办的《拍卖报》在上海创刊，我负责编辑部工作，并被聘任为中国拍卖行业协会副秘书长。办报十多年来，搜集、检索、阅读资料是我每天的必修功课，有感而发的文章则是心得。我国拍卖行业恢复以来，拍卖交易方式被曲解、误读的现象经常发生并延续至今，因此，写一本真实反映世界贸易史中拍卖交易脉络的书一直是我的梦想。

　　一部世界拍卖的历史也是一部世界贸易的历史，如果你有时间翻开世界拍卖历史的画卷，就能够看到一个真实的贸易世界。拍卖作为销售活动的一种形式，与贸易有着不解之缘。2700多年前的巴比伦王国，部落首领突发奇想的适婚姑娘拍卖引领了一段美女嫁财郎的姻缘故事；罗马帝国的疆土上战争杀戮血腥成灾，战俘、奴隶、兵器都是商品，漫天的讨价声中所有的恩恩怨怨都成了生意经，随军商人就地拍卖，拍卖商无处不在，买卖无处不在。

　　从古至今，人们始终迷恋于拍卖活动，似乎对拍卖既熟悉又陌生。与普通买卖不同的是，拍卖中的许多不确定因素使得大部分的商品都没有一个固定的价格，看似不起眼的东西往往会卖出天价，买卖双方却痴迷其中而不能自拔。即使商品在拍卖会上以最低的价位成交，卖主对此也毫无怨言，因为买主确实是出价最高的人。拍卖师落槌前，买主、卖主，甚至在场的观众都因价格的飘忽不定而疯狂，激动人心的场面随处可见。

　　商圈在经销活动中都是以压价来获取利润的，拍卖活动同样绕不开"商圈"利益集团。1927年，英国将商圈的操作活动视为非法，但由于举报者极少，加上立法通过的规定很难付诸实施,始终也未予认真执行。英美等国对"商圈"的研究十分投入,但是"治标不治本",良药难寻。即使在今天,拍卖商们还会惊奇地发现,"商圈"利益集团使用的手法与18、19世纪的祖先们如出一辙。

拍卖的成功并不在于交易技巧,而在于不可改变和难以自控的信念,这种信念就是要制服对手,并且公开证明。在追逐唯一的或最后一位竞买者时,既要表现出不凡的气质,还要表现出雄厚的经济实力,或者气质和实力两者都要同时表现出来。当人们渴求的天性自然增长时,想用毅力来控制这种购买欲望是非常困难的。拍卖的魅力引发出许多最基本的人性特征,这种特征在漫长的贸易历史中获得勃勃生机,因为人总是善变的。

在本书出版之际,我内心由衷感谢多年来一直支持我写作、办报并默默无言承担家庭繁杂事务、精心照顾老人的妻子陆文仪和帮助我翻译、检索资料的女儿郑笑冰,家人的理解和支持是我阅读、写作经久不息的动力。同时,我向中国嘉德公司创始人、泰康人寿保险股份有限公司董事长兼首席执行官陈东升表示敬意,陈先生深谙经营管理之道,为《世界拍卖史》所写的精辟评语一言道出真谛。同时,我衷心感谢赋予我一个平台并支持我教学、研究工作的中国拍卖行业协会会长、《中国拍卖》杂志社总编辑张延华女士;感谢郭长安顾问、高嵩主编和同仁们对我的长期支持;感谢中国拍卖行业的开拓者覃业竣先生、林一平先生和张德民先生(已故)三位挚友对我的高度信任和无私的帮助;感谢我的朋友王兴中老师和苏州科协翻译小组钱锦文、张泽琇、林传德等专家十多年来对我的支持;感谢中国嘉德国际拍卖有限公司、北京永乐国际拍卖有限公司、上海拍卖行有限责任公司、苏富比公司上海办事处、佳士得公司上海办事处同行的支持和帮助。最后,我要感谢邓静、欧阳树英、王婧等学友在文稿、图片方面给予的大力协作。

在上海财经大学出版社出版《世界拍卖史》我深感荣幸,出版社在学术上的严谨和对作者的严格要求让我丝毫不敢懈怠,文字、配图修改多次,六个来回才定稿,在此书出版之际,谨向出版社的领导和责任编辑付出的辛劳表示衷心的感谢。

郑鑫尧

2010年1月